〈私〉時代のデモクラシー

宇野重規
Shigeki Uno

Eurus
Notus
Zephyrus

岩波新書
1240

はじめに

〈私〉らしさの氾濫

この本は、〈私《わたし》〉という視点からデモクラシーを考える本です。

といっても、〈私〉とデモクラシーというのは、何だか不思議な組み合わせに見えなくもありません。ふつうデモクラシーというと、出てくるのは「市民」や「国民」、あるいは「人民」や「民衆」などです。政治学の本でも、政治活動を担う「主体」というような言葉は出てきますが、〈私〉という言葉にはほとんどお目にかかりません。

しかしながら、本書では〈私〉こそが、現代デモクラシーを考える上での鍵だと主張したいと思っています。さらにいえば、デモクラシーのみならず、およそ現代社会の特徴を捉えるために、〈私〉という視点が欠かせないことを、これから考察していくつもりです。

政治を支えるのは一人ひとりの「市民」だといいます。けっして間違いではありません。ただ、それでは、「市民」とはいったいどこにいるのかとなると話は急に難しくなります。あなたはデモクラシーを担う「市民」ですかと聞かれれば、多くの人は口よどんでしまうのではないでしょうか。

これに対し、〈私〉はどこにいるのかについては、答えは簡単です。この本を読んで下さっているあなたも〈私〉ですし、この本を書いている著者も〈私〉です。あなたは〈私〉ですかといわれて、そうではないと答える人はまずいないでしょう(「私とは一個の他者である」=「私は私でない」というアルチュール・ランボーのような人もいますが)。

世の中を見ても、〈私〉があふれています。「私らしさ」、「僕らしさ」は時代の一つのキーワードです。かつて、作家の三田誠広が『僕って何』という小説を書きました。その後、シンガーソングライターの槇原敬之も、『どんなときも。』で、「どんなときも/どんなときも/僕が僕らしくあるために」と歌いました。

これらのタイトルや歌詞を最初に耳にしたとき、とても新鮮な感覚がしました。何か肝心なことをずばりといい切られた、という気さえしたものです。ところが、いまや「僕って何」や「僕が僕らしく」は、誰もが日々耳にする言葉になりました。あまりに頻繁にこの言葉に接するので、「またか」という思いを否めません。『僕って何』が発表されたのが一九七七年ですから、この三〇年ほどの間に、私たちの意識はだいぶ変わったことがわかります(『どんなときも。』は一九九一年に発売されました）。ちなみに社会学者の上野千鶴子の著作『〈私〉探しゲーム――欲望私民社会論』が、一九八七年に刊行されています。

商品のコマーシャルはストレートです。「自由であれ（Be Free!）」、「あなたらしくあれ（Be Yourself!）」というフレーズは、現代の宣伝において常套句の最たるものです。しかしながら、ある意味で矛盾しているのは、このように呼びかけるコマーシャルが、「あなたらしくあれ」といいながら、その上で「うちの会社の商品を買いなさい」と迫ってくることです。どうやら現代の洗練された市場において、商品化の論理は「自分らしさ」さえも商品にしてしまったようです。いや、むしろ最有力商品というべきでしょう。消費者の「自分らしさ」意識を満足させるための商品が、次から次へと生み出されています。とはいえ、それらは綿密な市場調査によって割り出された、類型化された「自分らしさ」にほかなりません。「あなたらしさを演出する、定番アイテム！」などという吊り広告を見ると、なんともいえない気分になります。

思えば、〈私〉が〈私〉であること、〈私〉らしくあることは、現代において、とても魅力のあることであると同時に、少々つらいことなのかもしれません。私たちは、日々〈私〉らしくあることを求められます。「あなたの個性は何か」「あなたは他の人とどこが違っているのか」という声が、私たちに投げかけられます。「あなたらしい選択を」といわれることも日常茶飯事です。

「私らしさっていわれても、それが何なのか、もう少し考えてみないとわからない」なんて、口よどんでいる暇はありません。就活に励む若者のためのセミナーのタイトルを見ても、「自分らしさを探そう」や「自分らしさを活かして、内定をかちとろう」など、「自分らしさ」ばかりが目につきます。

「折り返し点」を過ぎた「近代」

何でこんなことになったのでしょうか。

そういう時代になった、としかいえません。

それでは、「そういう時代」とは何なのでしょうか。話が少々飛躍するようですが、「近代（モダニティ）」という時代について考えてみたいと思います。

「近代」の目標の一つは、これまで人々を縛りつけてきた伝統の拘束や人間関係から、個人を解放することでした。過去から続いてきた慣習や社会的関係は、しばしば個人の自由を束縛し、服従を要求してきます。これに対し、「近代」は、個人の自由を重視し、個人の選択を根本原則として、社会の仕組みやルールをつくりかえようとしました。

一例をあげれば、伝統的な社会において、「家」の存続こそが、そこに属するメンバーにとっての至上命題でした。これに対し、「近代化」の結果、そのような意味での「家」は解体し、当事者の合意に基づく婚姻によって生み出される「近代家族」がとってかわりました。夫婦とその子供のみから成る、いわゆる「核家族」化も進みました。その意味では、与えられた人間関係を、自分で選んだ関係に置きかえていく過程こそが、「近代化」であったといえます。

そして、いまや「ソーシャル・スキル」の時代です。人間関係は、一人ひとりの個人が「スキル（技術）」によってつくりだし、維持していかなければならないとされます。「社会関係資本（ソーシャル・キャピタル）」というい方もなされるようになりました。今日、人と人とのつながりは、個人にとっての財産であり、資本なのです。逆にいえば、自覚的に関係をつくらない限り、人は孤独に陥らざるをえません。ここには、「伝統的な人間関係の束縛からいかに個人を解放するか」という、近代のはじめの命題は、見る影もありません。時代は変わったのです。

「近代」のもう一つの目標は、宗教からの解放でした。伝統的な社会においては、つねに「聖なるもの」の感覚がありました。人間を超えた「聖なるもの」は、人々の畏れるべき対象であると同時に、人々にあるべき姿、進むべき道を示してくれるものでもありました。「近代化」は、この「聖なるもの」の感覚に支えられた宗教から人々を解放し、個人の意志を新たな価値の源泉にしました。人々が選択にあたって指針とするのは、もはや人間を超えたものではありません。人々自身のうちに、あらゆる価値の源が見いだせるというのが、「近代」のスローガンでした。

「聖なるもの」が一つひとつ失われていったのが、「近代」という時代です。ある意味で、〈私〉がこのように強調される現代とは、そのような「近代」の行き着いた時代なのかもしれません。なぜなら、あらゆる「聖なるもの」が見失われてしまった現代において、価値とされるものは、もはや〈私〉しかないからです。

現代の社会理論家の代表的な一人であるジーグムント・バウマンは、次のようにいいます。近代においても、最初のころには歴史において実現されるべき目標の理念がありました。「公正で平和な社会」などというのが、それです。このような時代においては、そのような社会の理想を実現するための「革命」という言葉には、独特の魅力がありました。しかしながら、現代の社会理論で強調されるのは、むしろ「個人の差異」や「個人の選択」です。もはや社会的な理想は力をもたず、もっぱら一人ひとりの〈私〉の選択こそが強調されるのが、いまの時代だというのです。つまり、近代という時代も一つの折り返し点に達したということなのでしょう。バウマンは、私たちの生きる近代は、同じ近代でも、〈個人〉や〈私〉中心の近代だといいます。

このような「折り返し点」を過ぎた「近代」のことを、現代ヨーロッパの理論家で、社会学者であるアンソニー・ギデンズやウルリッヒ・ベックらは、「後期近代」とか「再帰的近代」などと呼んでいます。このようないい方のポイントは、「折り返し点」を過ぎたとしても、「近代」が終わったわけではないし、「近代」を押し進めた運動がストップしたわけではない、ということです。つまり、「近代」が終わり、「近代」とはまったく別の「脱近代(ポスト・モダン)」が始まったわけではないのです。むしろ、「近代」のプロジェクトが成功し、成功したためにこそ、その効果が自分自身に跳ね返り、「近代」そのものが新たな段階に達しつつある。そのような認識が、「後期近代」とか「再帰的近代」といういい方の背景にあるといえるでしょう(「再帰的」の原語は reflexive です。文字通り、自分自身に戻ってくること、跳ね返ってくることを意味します)。関連して、「成熟社会」という言葉もよく耳にするようになりました。

〈私〉から〈私たち〉へ

いまや、社会関係は、目の前にとうぜんに存在し、人々を拘束するものというより、一人ひとりの〈私〉が自覚的につくっていかなければならないものです。人々がものごとを決めるにあたって、絶対的な価値基準やモデルとすべき人やものはなくなり、すべてを〈私〉が決めなければなりません。

結果として、現代では「個人」や「平等」といった場合でも、昔とは違った意味合いが強くなっています。「個人」は、それを抑圧するものに対し、高らかに掲げる理念というより、もはやそれしかない、唯一の価値基準という様相が強くなっています。その分、一人ひとりの〈私〉とは何か、そのアイデンティティが問題とされるようになりました。「平等」もまた、すべての人をただ等しく扱うのではなく、一人ひとりの〈私〉を認め、一人ひとりの〈私〉が特別な存在であること、いわば「オンリーワン」であることを承認することにほかなりません。いまや、人は自分が他人と同じように扱われるだけでは納得できません。自分が他人と同程度には特別な存在として扱われることを求めるのです。

先ほど、「およそ現代社会の特徴を捉えるために、〈私〉という視点が欠かせない」といいましたが、現代において個人主義は〈私〉の個人主義ですし、平等は〈私〉の平等です。価値の唯一の源泉であり、あらゆる社会関係の唯一の起点である〈私〉抜きに、社会を論じることはできなくなっています。そのような〈私〉は、一人ひとりが強い自意識を持ち、自分の固有性にこだわります。しかしながら、そのような一人ひとりの自意識は、社会全体として見ると、どことなく似通っており、誰一人特別な存在はいません。このようなパラドクスこそが、〈私〉時代を特徴づけるのです。一人ひとりの個人の〈私〉に着目することなしには、社会の動きを理解することができませんが、さりとてその場合の〈私〉とは、特別なヒーローやヒロインではなく、ごくありふれた存在に過ぎません。そのようなありふれた一人ひとりの個人の〈私〉のなかに、社会の激しい変化が見て取れるのが、〈私〉時代なのです。

このように、〈私〉が時代の焦点となっていることが、独特の難しさを生み出していることは間違いありません。たとえばデモクラシーです。デモクラシーとは、〈私〉ではなく、〈私たち〉の力によって生み出していくものです。〈私〉のことは〈私〉が決めればいい。しかしながら、世のなかには、〈私〉一人の力ではどうにもならないことがあります。人の力を借り、人と協力することではじめて実現できることもあります。一人の力ではどうにもならない問題があるとき、人々が集まって〈私たち〉を形成し、〈私たち〉の意志で〈私たち〉の問題を解決していくことこそ、デモクラシーにほかなりません。

もちろん、〈私たち〉とは誰のことなのか、自明ではありません。問題ごとに、その当事者となる〈私たち〉も違ってくるでしょう。問題の規模が大きくなるにつれ、〈私たち〉のサイズも大きくなります。このサイズが、いわゆる「国」のサイズと一致したとき、デモクラシー（民主政治）という言葉はもっとも頻繁に使われますが、それより大きいサイズでも、あるいはより小さいサイズでも、デモクラシーであることに変わりありません。

ただ、いまの時代において、〈私たち〉を形成することは、ますます難しくなっています。あなたは、誰と一緒に〈私たち〉を形成していますか。その〈私たち〉には、誰が入っていて、誰が入っていないのでしょうか。ある意味で、そのこと自体が、きわめて重要な政治的意味をもっているのが、現代という時代なのです。

日々、安全保障、環境、エネルギー、水や食資源、不況、雇用、年金や介護の問題など、私たちの身の回りにおける多くの問題が報道されています。これらの問題ごとに、誰が当事者で、誰の力を結集しなければ、問題を解決できないのでしょうか。

一人ひとりが〈私〉の意識をもち、他人とは違った自分らしさを模索しているなか、そのような〈私〉が集まって、〈私たち〉をつくっていかなければならないのです。これこそが本書で考える〈私〉時代のデモクラシーという問題です。

答えなき時代のデモクラシー

デモクラシーは万能ではありません。デモクラシーが出す答えがつねに正しいとは限らないという批判は、ほとんどデモクラシーが誕生して以来、たえず投げかけられてきたものです。

しかしながら、本書では、あえて主張したいと思います。デモクラシーは「正しい答え」が見つからないからこそ必要なのだ、と。すでに指摘したように、「近代」の「折り返し点」を過ぎた「再帰的近代」という時代においては、人間を超えた価値の源泉が、一人ひとりの個人の進むべき道を示してくれることはなくなりました。価値の選択はもっぱら個人の責務となったのです。〈私〉時代において、この責務はますます重いものになっています。

このような時代にあって、すべての選択をただ個人にゆだねてしまうことは、個人の負担をあまりにも重くするばかりでなく、社会を意味づけ、改革していくという点でも問題があります。現代においていわゆる改革と呼ばれるものはすべて、すべてを個人の選択にゆだねることをキャッチフレーズにしてきました。「市場化」、「民営化」、「選択制」……。しかしながら、このような方向性が行き過ぎれば、社会を無意味化し、社会を〈私たち〉の力で変えていくことを不可能にしてしまう危険性があります。

価値の選択をすべて個人にゆだねてしまえば、社会とはその集計にすぎません。もちろん、答えのない時代において、一人ひとりの個人が手探りしていくしか道はありません。個人が考える前に、社会が答えを示してくれるというのは、可能でもありませんし、望ましいことでもないでしょう。しかしながら、そのような一人ひとりの模索が互いに孤立するばかりで、何かを共有したり、相互の理解を深めたりすることがなければ、社会とは、喧噪にみちているものの、共有された意味の不在という点で、空虚な空間になってしまいます。社会をよりよいものにしていこうという共同の意志も生まれません。

このように書くと、「答えのない時代に、社会をよりよくするって、どういうこと？」という質問が出てくるかもしれません。「個人の選択を尊重するということ以上に、社会的にいいこととか悪いことなんてあるの？」という声も聞こえてきます。鋭い質問です。ここではとりあえず、この本はまさにその問題を考えていくのだ、とだけ答えておきたいと思います。

以下、本書の構成について触れておきます。この本ではまず、〈私〉時代の輪郭をはっきりとつかむために、平等と個人主義の問題から考えていきます。〈私〉の平等と、〈私〉の個人主義。現代社会は、明らかに平等意識の巨大な変容が見られる時代です（第一章）。また、現代的な意味での新しい個人主義という問題が注目を集める時代です（第二章）。〈私〉と政治の関係も微妙になってきています（第三章）。そのようななか、〈私〉と〈私〉をどのように結びつけ、デモクラシーを発展させていけるか。〈私〉と〈私たち〉という視点から、「社会」という言葉の意味を最後にもう一度考えてみたいと思います（第四章）。

いまそこにいる〈私〉。その〈私〉からデモクラシーの問題を考えていきます。

〈私〉時代のデモクラシー◎目次

はじめに

第一章　平等意識の変容

1　グローバルな平等化の波

グローバルな政治的覚醒

現代を特徴づけるのは、従来の世界秩序を覆す新たな勢力の台頭です。今日、世界でもっとも人口の多い都市のトップ五〇のうち、欧米にあるのはわずか一〇都市に過ぎません。世界一高い建物も、世界一大きな工場も、世界一広いショッピングモールも、アジアや中東にあります。サミットに象徴される「先進国クラブ」による世界運営は、すでに過去のものとなりました。次々に台頭する勢力は、自らの存在を強く主張し始めています。新たな平等を求める声に耳をふさぐことはもはや不可能になりました。

ちなみに、「はじめに」で、現代は〈私〉の平等が問題になる時代だといいました。つまり、現代において求められる平等とは、ただ単にすべての個人が等しく扱われることではなく、一人ひとりが――少なくとも他の人と同程度に――特別な存在として扱われることなのです。ここには、誰もが「オンリーワン」であることを認めてもらいたいという願いがあります。いいかえれば、現代における平等は「みんな同じ」では駄目であり、「一人ひとり、みんな違う」こそが、〈私〉の平等のキャッチフレーズなのです。思えば、一九九一年の『どんなときも。』で、「僕が僕らしくあるために」と歌った槇原敬之が、二〇〇三年にＳＭＡＰに提供した『世界に一つだけの花』では、「そうさ僕らは世界に一つだけの花／一人一人違う種を持つ」という歌詞を書いたことには時代の必然があります。

　このことは、個人にだけ当てはまることではありません。現在、世界各国で多文化主義が重要な課題になっています。すなわち、これまで主流派の文化や言語に対し少数派の立場に置かれていたエスニック集団が、主流派による強制的な同調化圧力を拒絶し、自らの文化や言語への尊重を求めるようになっているのです。ここに見られるのも、少数派集団によるアイデンティティの主張であり、自分たちの文化や言語の「かけがえのなさ」を認めてほしいという願いです。かつての少数派が「自分たちも同じ人間として認めてほしい」と要求したとすれば、現代の少数派は「〈他と違う〉自分たちの、自分たちらしさを認めてほしい」と主張します。

　このこととも関連して、アメリカの政治学者ズビグニュー・ブレジンスキーが興味深い指摘をしています。ブレジンスキーといえば、かつてカーター政権の国家安全保障問題担当大統領補佐官をつとめたことで知られていますが、最近ではオバマ大統領の外交政策ブレインとして、その発言に注目が集まっています。そのブレジンスキーが最近、「グローバルな政治的覚醒(The Global Political Awakening)」ということをさかんに主張しているのです。現代世界には独特な政治意識の覚醒が見られる、それも世界の一部の地域というより、グローバルなレベルでその傾向が見られると、ブレジンスキーはいいます。

このことをブレジンスキーは繰り返し主張しているのですが、一例として、二〇〇八年一二月一六日付の『インターナショナル・ヘラルド・トリビューン』に掲載された同名タイトルのコラムを見てみましょう。

「歴史上においてはじめて、ほとんどすべての人類が政治的に活発化し、政治意識が高まり、政治的に相互的な影響を及ぼしあうようになっている。植民地あるいは帝国主義支配の苦い記憶を胸に、文化的な尊厳、経済的な機会を求める声が、グローバルな政治的行動主義とともに、世界で津波のように生じている」。このことは五〇〇年間続いた西洋支配の終焉を告げるものであり、中国、インドをはじめ世界の新たな勢力の台頭が見られることに、ブレジンスキーは注意を喚起します。「G8の寿命は尽きた」というブレジンスキーは、イラク、インド＝パキスタン関係、パレスチナ問題をはじめとする世界の諸問題に対して、従来型の、先進国主導型の対応では限界に達しつつあることを認めた上で、アメリカがなおもリーダーシップを発揮するにはどうしたらいいかを探ります。この章の冒頭で触れたような世界の状況を実感しての発言であることはいうまでもありません。

このようなブレジンスキーの主張が、はたしてオバマ政権の外交政策にどのような影響を及ぼしているかも興味深いところです。しかし、ここでより重要なのは、世界中で政治的意識の覚醒が見られるという指摘自体です。すなわち、これまでであれば先進国の影響下に自ら声をあげることのなかった国々において、自分たちの文化を尊重してほしい、自分たちにもより公平な経済的機会がほしいという主張が高まっていることに注目する必要があるのです。ブレジンスキーがいうところの「政治意識の覚醒」とは、まさに現代における平等意識の高まりを示すものであるといえるでしょう。世界の各地で、さまざまな個人、集団、民族の平等意識が鋭敏になり、現存する不平等への異議申し立てが加速化しているのです。

「その他すべての国の台頭」

このことの背景にあるのは何でしょうか。インド出身のジャーナリストで、現在アメリカで活躍中のファリード・ザカリアが、やはり面白い指摘をしています。ザカリアは、経歴自体が興味深い人物です。インド出身のザカリアですが、アメリカの大学を出て後、若くして『フォーリン・アフェアーズ』編集長に抜擢されたことで知られています。現在は『ニューズウィーク』国際版の編集長をつとめています。このような人物がアメリカの言論界で活躍しているのも、ケニア人の父をもつオバマが大統領になったこととあわせ、何か時代の変化を暗示しているように思われます。

このザカリアが書いた本に、『アメリカ後の世界（*The Post-American World*）』という本がありますが、ザカリアにいわせれば、「アメリカ後の世界」とはけっしてアメリカが没落した後の世界ではありません。むしろ「その他すべての国の台頭」として理解すべきであると彼はいうのです。

「アメリカの没落」と「その他すべての国の台頭」。両者はコインの表裏であり、その違いはレトリックに過ぎないという見方もあるかもしれません。しかしながら、ザカリアからすれば、そのような見方は間違っています。というのも、その違いの背景には世界観そのものの相違があるからです。

アメリカが没落したというより、その他すべての国が台頭したのであり、それは歴史の発展とみなすべきである。そうだとすれば、アメリカ自身はこの結果を正面から受け止め、新たな世界に対応すべく、自らを変えていかなければならない。それはむしろ、次の時代におけるアメリカの新たな発展をもたらすであろう。ザカリアはこのように説くのです。

　ザカリアはこのような自分の見方を論証するために、さまざまなデータを示すのですが、その一つに経済成長率があります。彼の指摘によれば、二〇〇六年から〇七年にかけて、世界の一二四カ国が四％以上の成長を遂げました。そのなかにはアフリカ諸国も含まれているように、近年の変化をただ単に「アジアの台頭」と見るのは正しくないとザカリアはいいます。また、彼は国連加盟国のうち、もっとも貧しい人々が住む五〇カ国が窮乏のきわみにあり、早急の対処が必要であることを認めつつも、同時に残りの一四二カ国では、生産性と成長を高める経済が、貧困層を少しずつ吸収していると指摘します。

　もちろん、ザカリアの視座はグローバル化による世界経済の発展を肯定的に捉えるものであり、このような世界経済の動向が各地域における不平等や混乱を巻き起こしていることを無視するわけにはいきません。さらに、その楽観的な見通しは、〇八年後半の金融危機以後の経済状況を見れば、かなりの程度、相対化の必要があるでしょう。しかしながら、彼のいう、これまで経済活動の単なる対象や傍観者にとどめられていた世界各地の国々が、新たな国際システムにおいて、主体的な参加者になりつつあるという基本的な傾向は、間違っていないと思われます。ザカリアのいう通り、軍事的にはなお単一超大国の世界が続いているとしても、その他の次元、すなわち産業、金融、教育、社会、文化においては、脱・一国支配の方向へ急速にシフトが起きているのです。アメリカ発の金融危機もまた、このような趨勢を加速しています。

ザカリアの主張のポイントは、このような世界の変化にアメリカ自身が追いついていないという点にあります。というのも、このような新たな世界秩序において、先進諸国が結束して計画を進めさえすれば、第三世界の国々はその枠組みを受け入れるであろうというような想定はもはや有効ではないからです。そのような見方からすれば、ブッシュ政権の「単独行動主義（ユニラテラリズム）」は、まさにこのような世界の変化に対し背を向けるものであったといえるでしょう。新興諸国は、自らの参加しない西洋主導のプロセスに、もはや身を任せようとはしないのです。

その意味で、現在、世界という舞台に上る主体＝役者（アクター）の数が増えているのです。それもただ単に数が増えているだけではなく、先ほどのブレジンスキーの議論にもあったように、役者たちの政治的意識が、かつてないほど覚醒しているのです。このような時代が、政治の独特なダイナミズムを生み出すと同時に、つねに分裂と無秩序の危険性にさらされていることは、あらためて強調するまでもないでしょう。

トクヴィルの平等論

このような世界的な流れを、どのように理解すべきなのでしょうか。ここで、一九世紀フランスの政治思想家であり、『アメリカのデモクラシー』の著者として知られる、アレクシ・ド・トクヴィル（一八〇五―五九）の「平等化」の概念を参照することが、問題の本質理解に役立つといえば、あるいは驚く人がいるかもしれません。

なぜ、一九世紀の思想家なのでしょうか。しかも、トクヴィルといえば、フランス貴族の立場から一八三〇年代のジャクソン大統領時代のアメリカを観察した思想家として知られていま す。そうだとすれば、トクヴィルはおよそ現代世界とは無縁の思想家ではないでしょうか。そのような彼の議論が、なぜ今の時代を理解するのに役立つのでしょうか。そのような声があがるとしても、無理はありません。

トクヴィルのいう「平等化」とは、独特な概念です。この概念の下に、彼がまず念頭に置いたのは、これまで別々の世界に暮らし、互いを自分とまったく異なった存在とみなしていた人人が、接触を通じて、互いを同じ人類とみなすようになる過程です。いいかえれば、それまで人々を隔てていた想像力の壁が崩れ、そのことによって、あらためて人々の間の平等・不平等をめぐる意識が覚醒することこそが、「平等化」の意味するものでした。

これまで互いを別の種類の人間のようにみなしていた人々が、実はみな自分と同じ人類であると思うようになることは、もちろん歴史の大きな進歩です。しかしながら、トクヴィルが関心をもったのは、このことが直ちに「平等化」した人々の平和な共存を意味しないことでした。

自分とまったく異質な存在となら、あるいはその間にある不平等をそれほど意識しないかもしれません。しかしながら、自分と同じ人間であるとすれば、自分とその同胞との間になぜ不平等があるのか、どうしてそれが正当化されるのか、どうしても気になります。両者を隔てる想像力の壁があまりに自明で、壁の存在すらとくに意識されなかった時代と違い、基本的に平等であるからこそ、さらに自他の違いに敏感にならざるをえないのが、デモクラシーの時代だとトクヴィルはいいます。

そのような時代には、平等・不平等をめぐる絶えざる異議申し立てこそが、歴史のダイナミズムを生み出していきます。逆に、それまでの上下の権威構造は音を立てて崩れていきます。トクヴィルは、このような意味における「平等化」を人類の歴史の不可逆な趨勢であると考えました。

もちろん、一九世紀を生きたトクヴィルの目の前にあった世界は、二一世紀の世界とは大きく異なっています。トクヴィルが主として想定したのは、西洋諸国内における、身分制秩序の崩壊と、それがもたらす民主革命でした。しかしながら、トクヴィルが生み出した「平等化」という概念は、西洋諸国を超えうる射程をもっているし、さらに一国内の秩序はもちろん、国際秩序にも適用可能です。そうだとすれば、現在の世界で起きていることは、トクヴィルのいう「平等化」の革命が、グローバルなレベルで展開しているものであるといえるかもしれません。

いいかえれば、現在、世界で生じていることは、グローバル化により、これまでの世界秩序が動揺し、とくに先進国と第三世界の間の壁が崩壊していく過程です。新たな平等意識に目覚めた非先進国の人々は、これまで自分たちが従属してきた既成の権威の構造に異議申し立てを行い、より平等な秩序のあり方を模索するようになります。

この波は、各国内部にも波及します。これまで人々の想像力を阻んできた国民国家の壁が崩れることで、人々は否応なく、世界の人々と自分たちの平等・不平等の意識に目覚めることになります。各国の労働者は、遠い国に暮らす、見ず知らずの人々と、潜在的には競争状態に置かれます。同じ仕事を、より安い賃金で実現する他国の労働者に、仕事を奪われかねないのです。また、他国の富と貧困、あるいは経済状態にも無関心ではいられません。それはめぐりめぐって、やがては自分たちの身の回りにも影響を及ぼすことがわかっているからです。それだけ国境を越えた人々の暮らしが、自分たちにとって身近なものになりつつあるといえます。

反対に、これまでは国民としての一体感によって相対化されてきた一国内の不平等も、より眼に見えやすくなります。国民国家が国内における一定程度の平等を求めるとすれば、脱国民国家化の時代は必然的に、そのような平等が失われる時代になります。各国内における平等・不平等をめぐる対立や紛争が激化するのも、新たな「平等化」の時代の特徴であるといえるでしょう。

このように国際的にも、国内的にも「平等化」が進み、新たなる政治的意識に目覚めた人々が、声をあげるようになります。あるいは逆に、自らの声がしかるべき他者に届かないことに、大きな不満を感じるようになります。

トクヴィルがいう「平等化」の時代とは、人々の平等が実現し、安定した秩序が構築される時代ではありません。むしろ、人々の平等・不平等をめぐる意識が活性化し、結果として異議申し立ての声をあげた新たな勢力が政治の舞台に上がり、既存の秩序が動揺していく時代こそが、「平等化」の時代なのです。

〈私〉の平等

トクヴィルの平等論の大きな特徴は、想像力に着目した点にあります。もちろん、彼は想像力ばかりを論じたわけではなく、あくまで現実の経済的・社会的な平等・不平等の問題を重視し、その背後にある相続法、土地所有形態、家族のあり方、技術やメディアなどの問題を探りました。しかしながら、トクヴィルの平等論のユニークな特徴は、そのような制度や社会状態だけでなく、さらに人々の想像力の変容に注目した点にあります。とくに、そのような平等をめぐる想像力の変容を、一人ひとりの個人の自意識に即して探究した点が、現代において〈私〉の平等について考える上で、おおいに参考になると思われるのです。

伝統社会において、個人は上下の階層秩序（ヒエラルキー秩序）のなかに自分を位置づけました。自分はいかなる身分に属するのか、自分より上にいるのは誰で、自分より下にいるのは誰か。このような自分の帰属や上下の位置づけをもとに、人々は自分の役割、従うべきルールを理解しました。というよりも、そのようなヒエラルキーの存在があまりに自明であったために、あらためてそれとして意識することすらありませんでした。これに対し、平等社会においては、個人はすべての他者を自らと同等の存在とみなします。人は、自分のまわりにいる人たちに対し、とうぜんに上に立つわけでも、あるいは下にあるわけでもありません。そうだとすれば、自分はいかなる他者とも対等である以上、おのれのことはすべて自分で決定したいと願うのが当然です。平等社会において、価値の源は自らの内にのみ求められるのです。

ところが、すべての価値を自分の判断に求めようとする平等社会の個人は、奇妙な不安定さに襲われるとトクヴィルはいいます。平等社会に生きる個人は、自分が他の誰とも等しい存在であることに誇りを感じます。しかしながら、このことは、他の誰と比べても自分が特別な存在ではないことも意味します。したがって、平等であることに誇りを感じる個人は、同時に、平等でしかないことに不安を感じるのです。

このことを本書の問題意識に即していいかえれば、自分が「オンリーワン」な存在であることに誇りを感じる個人は、同時に自らが、同じく自分を「オンリーワン」だと思っている大勢のうちの一人にすぎないこともわかっている、ということになります。結果として、自分らしくあることに人一倍敏感な平等社会の個人は、逆説的に、自分の同等者の総体である社会の声に対し、無力感にさいなまれてしまうのです。

平等社会の個人にとって、自分の同等者から成る多数派による判断に対し、異を唱えることは容易でないとトクヴィルは強調しました。いわゆる「多数の暴政」問題です。この場合、危険なのは、社会の多数派が自らの主張を少数派に強制することだけではありません。同時に、抑圧される一人ひとりの個人が、自分を抑圧する多数派の方を正しいと思ってしまうこと、少なくとも、多数の声に対し立ち向かうだけの根拠を自分のなかに見いだせないことが問題なのです。このような鋭敏かつ不安定な個人の、平等・不平等をめぐる意識の振幅が社会を揺るがすとトクヴィルは考えました。

思えば、トクヴィルの同時代人には、カール・マルクス(一八一八―八三)がいました。階級対立の激化に資本主義社会の根本的矛盾を見いだしたマルクスが、矛盾を乗り越えていくために「プロレタリアート」の「階級意識」に期待したことは周知のとおりです。その意味で、彼の平等論の視点はあくまで「階級」にありました。

これに対し、トクヴィルは同じく平等・不平等の問題を考えるにあたって、「階級」の意識よりは、あくまで個人の自意識に着目しました。そして、このような個人の自意識が生み出す社会的なダイナミズムを分析していこうとしました。「階級意識」よりも、一人ひとりの個人の〈私〉の平等意識に着目したといえるでしょう。明確な階級意識こそ希薄化したものの、平等・不平等をめぐる意識がかつてない高まりを見せる今日、トクヴィルの平等論はますます重要な意味をもつようになっています。

グローバルにも、各国の内部においても、現代はまさにトクヴィルがいう意味での「平等化」の時代です。このような「平等化」の時代における〈私〉の平等の意識は、社会にいったいどのようなインパクトを与えるのでしょうか。

2　可視化した不平等

現代日本における不平等意識の爆発

前節では「平等化」の時代に、それまで人と人とを隔ててきた想像力の壁が崩れていくと述べました。また、そのような時代に、人々の平等・不平等をめぐる意識がますます鋭敏化するであろうとも指摘しました。グローバル化によってもたらされた新たなる「平等化」の波こそが、現代における〈私〉の平等の意識の覚醒の基盤となっているのです。

このことを、日本社会に即してさらに検討してみたいと思います。現代の日本において、不平等意識はかつてない高まりを示しています。とくに二一世紀になって以降、「不平等」と「格差」は時代を象徴する言葉となり、「格差社会」がさかんに論じられるようになりました。背景にあるのはもちろん、拡大する経済的・社会的な不平等です。社会における所得配分の不平等を測る指標であるジニ係数は、一九八〇年代に最低を記録して以後（すなわち、もっとも平等度が高まって以後）、一貫して上昇し続けています。（相対的）貧困率についても、いまや日本はＯＥＣＤ加盟国中でもワーストクラスです。かつて「一億総中流」といわれた日本社会の平等イメージは、もはや見る影もありません。

しかしながら、現代日本における不平等意識の高まりは、経済的な指標に尽きるものではありません。再び、トクヴィルの平等論にもどりましょう。

トクヴィルは、古い貴族制の社会において、異なる身分に属する諸個人は、互いを自分と同じ人間とみなすことがなかったといいます。したがって、それぞれの生活や境遇がどれだけ違うとしても、そもそも自分と比較してみようとさえ思いません。もちろん、貴族制社会の人間が、平等・不平等の問題にまったく無関心であったわけではありません。ただ、人々の関心はむしろ、同じ身分に属する人間に対して向けられます。同じ身分の内部における違いについては、人々は敏感です。しかしながら、その想像力は身分の壁を越えることがありません。

これに対し、ひとたび平等化が進みだすと、人々の想像力はかつて自分を閉じ込めていた狭い集団の壁を越えるようになります。そうなると、これまでリアリティのなかった、壁の外にいる人間が急に自分の同類として浮かび上がってきます。当然、自分との違いも気になるようになります。ある意味でいえば、貴族制社会においては、自らの属する集団内部の関係はリアルであるものの、その外はぼんやりとしていました。これに対し、平等化が進むと、自分のすぐ隣にいる人との関係が希薄になるとしても、むしろ目の前にはいない大勢の人々の様子がひどく気になるようになるのです。

貴族制の社会において、身分間の壁はあまりに自明なので、その存在すら気になりません。これに対し平等社会において、身分制は空洞化するとしても、急激に可視化した残された不平等に対し、人々の意識は鋭敏になっていきます。

なぜ、このような話をするのかといえば、ここで指摘したようなメカニズムが、現在の日本にも働いているように思われるからです。もちろん、日本において、これまで身分制が存在したといいたいわけではありません。しかしながら、これまで仕切られていた人々の平等の想像力が、そのような仕切りを越えて展開するようになっているということは指摘できるのではないでしょうか。

「閉じた共同体的空間」内部の差異

このことを考えるために、教育社会学者の苅谷剛彦の議論を参照してみたいと思います。苅谷の問題意識は、教育における不平等です。といっても、いわゆる偏差値による序列化や、受験競争それ自体を問題にするわけではありません。苅谷が問題にするのはむしろ、社会・経済的な階層に基づく不平等です。さらにいえば、このような社会・経済的な階層に基づく不平等が、なぜこれまであまり注目されてこなかったのか、ということに彼の問題意識は向けられます。というのも、ＳＳＭ調査（社会階層と社会移動全国調査）の結果が示すように、親の職業や学歴といった階層要因は、戦後一貫して子どもの教育達成に影響を及ぼし続けてきたにもかかわらず、なぜかそのことが問題とされてこなかったからです。

たしかに子どもの学力差や、学力をもとにした序列化についての議論はさかんでした。したがって学校における成績づけや受験競争についての批判が高まり、やがて「誰でもがんばればできる」という「努力の平等主義」が強調されるようになります。逆に今日では、このような趨勢への反動が生じ、むしろ「結果の平等が行き過ぎ、出る杭は打たれるで、個の主張が抑えられている」といった、日本的な「結果の平等」批判が噴出するようになっています。しかしながら、苅谷にいわせれば、そこに一貫して欠如していたのは、教育において階層に基づく不平等が厳然として存在するという事実への問題意識でした。いいかえれば、日本の平等論においては、奇妙なほどにグループ間の比較の視点が欠如していたというのです。

その理由について、苅谷は興味深い指摘をしています。

その理由の一端は、同じ会社や学校、同じ業界内といった閉じた空間のなかで主たる競争が行われてきたことにある。閉じた共同体的空間のなかでの競争がメインであったことが、その共同体内部での処遇の差異への関心を育んできたといえるのである。たとえば、自分とかけ離れた人々との違いではなく、同じ集団に属する身近な人との微妙な差異が気になるのは、社会全体の不平等の実態よりも、不平等感がベースにあったからである。同じ会社内、同じ学校内、同じ業界内といった、閉じた共同体的空間のなかで競争がくり広げられたことにより、処遇の画一性に目が向けられるようになった。その結果、個々の会社や学校や業界を越えたところにある、より大きな不平等の実態を問題にするのではなく、閉ざされた競争空間のなかでの処遇の微小な差異が問題にされてきたのである。(『階層化日本と教育危機――不平等再生産から意欲格差社会(インセンティブ・ディバイド)へ』、一七五頁)

個々の会社や学校や業界を越えたところにある、より大きな不平等の実態よりも、閉ざされた競争空間のなかでの処遇の微妙な差異が気になる……。なんとトクヴィルが描いた不平等社会の姿に似ていることでしょうか。繰り返しになりますが、戦後日本社会において、トクヴィルが念頭に置いていたような身分制団体が存在したというわけではありません。ここで論じられているのは、会社、学校、業界といった、あくまで近代社会における機能的な組織です。しかしながら、苅谷の問題意識は、このような組織が、ある意味で、人々の平等の想像力を拘束する「閉じた共同体的空間」として機能したということに向けられています。人々の想像力は、この空間を隔てる壁を越えることがなく、その内部における微妙な差異こそ気になるものの、その外についてては奇妙な無関心さが支配したというのです。

このような苅谷の議論を踏まえるならば、現代日本における不平等意識の爆発をどのように捉えることができるでしょうか。ある意味でいえば、現代日本で進行しているのは、いい意味でも悪い意味でも、これまでそれなりに機能してきた「閉じた共同体的空間」が解体するという現象なのかもしれません。結果として見えるようになってきたのは、これまで見えにくかった、「閉じた共同体的空間」の外部にあるより大きな不平等でした。にもかかわらず、議論は、かつての「閉じた共同体的空間」内部における横並び意識の批判と混同され、教育における平等・不平等の議論をさらに迷走させているというのが現状だと苅谷は指摘します。

現代日本社会は、突如可視化した不平等に驚きつつも、いまだそれをどう理解すべきか、迷っているように思われます。不平等意識やその不満が、うまくその行き場を見つけられずにいるのは、その結果といえるかもしれません。

仕切られた生活保障

次に、今度は日本の社会保障について研究する、政治学者の宮本太郎の議論を見てみたいと思います(『福祉政治——日本の生活保障とデモクラシー』『生活保障——排除しない社会へ』)。宮本によれば、これまでもけっして充実していたとはいえない日本の社会保障を補ってきたのは、雇用保障の仕組みでした。すなわち、雇用を保障するための仕組みが機能していたため、社会保障の不十分さが目につかなかったというのです。ところが現在、この雇用保障の仕組みが急激に崩れているにもかかわらず、社会保障は貧しいままです。結果として、日本の生活保障は危機に瀕していると宮本は警鐘を鳴らします。

日本はこれまで、一貫して社会保障に大きな支出がなされてこない、いわば「小さな福祉国家」でした。これを代替したのは、会社、業界、家族です。本来政府が担うべき社会保障の機能を、それらの組織が提供してきたといえるでしょう。たとえば、高齢者介護はもっぱらそれぞれの家庭が負担すべき義務とされてきました。

さらに、日本の場合、顕著な特徴となったのは、「仕切られた生活保障」です。すなわち、雇用を保障するにあたっても、日本の場合、業界ごとに異なった制度と政策が展開された点がその特徴となりました。たとえば、一方の側に、終身雇用や日本型経営によって支えられる大企業があり、他方の側に、補助金や公共事業によって支えられる第一次産業や地方の建設業などがあったわけです。両者において雇用を支えたのは、まったく異なる制度と政策であり、国民全体を対象とする普遍的な枠組みは構築されませんでした。

このように職域ごとに分かれた雇用保障に、さらに職域ごとに分立した社会保障制度が組み合わさり、できあがったのが「仕切られた生活保障」です。このような分断は個別的で裁量的な政策的対応を横行させました。日本の官僚支配や保守政治は、これを重要な基盤としてきたわけです。いわゆる土建国家とは、その表現にほかなりません。「小さな福祉国家」にして、「大きな土建国家」、その下での「仕切られた生活保障」こそが、日本の特色となりました。

このような「仕切られた生活保障」は、統一的な社会保障制度の実現や、その基盤となる社会的連帯の意識の発展を阻んだものの、一定範囲内で垂直的な格差を抑制する機能もはたしたと宮本は評価します。

しかしながら、一九八〇年代には行政改革を通じて福祉が削減され、税制改革によって税の再分配機能が弱められます。さらに九〇年代にはバブルが崩壊する一方、構造改革を求める声が高まり、二〇〇〇年代には、小泉政権の下で地方財政と交付税に関するいわゆる三位一体改革が進みました。さらには、財投改革による特殊法人改革や郵政民営化、そして公共事業の縮小も現実化しました。いわばこれまでの雇用保障を支えた基盤そのものの解体が進んだのです。

社会保障は貧しいままであるところに、それを補ってきた雇用保障が解体することで、いったいどのような事態が生じたのでしょうか。たしかに、「仕切られた生活保障」は機能不全を起こし、「仕切り」という横の分断は崩壊していきます。しかしながら、その結果、これまで見えにくかった、縦の分断、すなわち格差の拡がりがあらわになったのです。

このような状況を宮本は次のように総括します。これまでは、業界あるいは大企業共同体という仕切りの内部で、ともかくも雇用維持が優先され、相対的に平等な処遇が行われてきました。その結果、そのような相対的な平等が、仕切りの間での格差よりも強く意識されてきました。これに対し、いまやこれまで仕切りの中で維持されてきた雇用および生活保障の仕組みが揺らぎ始めています。そのために仕切りの内部での不満が高まるとともに、仕切りの外部についても、社会の特定部分に対する優遇への批判が強まっています。地方へのばらまき批判や公務員バッシングは、まさにその現れというわけです。

このような宮本の議論を参照することで、苅谷のいう会社、学校、業界という「閉じた共同体的空間」を支えた経済的基盤が何であったかがわかります。日本において、会社という機能組織が擬似共同体化する現象については、これまで「イエ」社会論など、文化論的なアプローチから説明されることが主でした。しかしながら、いまや職域ごとの雇用保障、職域ごとの社会保障による「仕切られた生活保障」こそが、その基盤にあったということが明白になりました。そのような基盤が失われてみて、ようやく正体がはっきりしたというわけです。

中間集団の動揺と〈私〉の平等

このように、従来、良きにつけ悪しきにつけ個人を包み込んでいた集団は現在、急速に弱体化しています。そのような集団――ここでは個人と国家の間にある集団ということで中間集団と呼ぶことにしますが――は、これまで人々の生活保障の基盤となると同時に、人々を囲い込み、その想像力を自らの壁のうちに閉じ込めてきました。人々はそのような中間集団のなかで、微妙な違いに一喜一憂する（出世争い！）と同時に、相対的な平等感覚を享受してきました。おそらく、一九八〇年代にピークを迎えた「一億総中流」の意識も、これらの集団内部の相対的な平等感に根ざしたものと思われます。

現在、このような日本型中間集団は急速に、個人をその内部に囲い込む力を失いつつあります。結果として、中間集団からはじき出された個人はもちろん、その内部にとどまる個人にしても、外部の巨大な不平等に直面せざるをえなくなりました。もはや想像力の壁の内側にとどまることは不可能なのです。

かつて、伝統的な社会組織から切り離され、新たな産業社会における不平等に直面した諸個人は、階級として結集し、階級間の不平等是正を要求していきました。あるいは、国民的な社会保障システムの下、統一的な制度によって平等と連帯の実現をはかりました。しかしながら、今日、機能的な中間集団からも吐き出された諸個人には、このいずれの道も閉ざされているように見えます。

まず、階級として団結しようとしても、人々をつなぎとめる強固な階級意識は期待できません。自分がどの階級に属するのか、はたして同じ階級として団結すべき人々はどこにいるのか、はっきりとした答えを出すことは困難になるばかりです。

他方、社会保障制度による不平等是正も容易ではありません。とくに日本の場合、これまで「小さな福祉国家」が続いてきただけでなく、今後についても、強力な行政不信により、社会保障支出拡大のための増税に対しては強い抵抗感が存在します。北海道大学が行った『「日本人が望む社会経済システム」に関する世論調査』によれば、回答者の六割が「日本のあるべき社会像」として北欧型の「福祉重視の社会」を選択しているにもかかわらず、社会保障の財源として消費税率の引き上げを「やむを得ない」と答えた人は、一七・五％にとどまっています。

さらに「仕切られた生活保障」の結果、各職域間には不信感こそあれ、職域を超えた連帯の意識も希薄です。「大きな福祉国家」は国民に多大な税負担を求めますが、そのような負担を引き受け、多様な社会的リスクを共有していくためには、社会的連帯の意識が不可欠です。ところが、肝心のそのような意識が、これまでの「横の分断」の後遺症として未成熟なのです。

このように、不平等意識は高まり、一人ひとりの個人の不安感は募るばかりです。しかしながら、不平等と向き合い、対応していくために連帯すべき他者を見いだすことは容易ではありません。このことが、現代における〈私〉の平等意識をますます鋭敏にしています。現代における不平等を、自分一人で受け止めていくしかないのか――そのような思いが、〈私〉の平等意識をますます刺激し、しかも行き場のない不安へと誘っているのです。

現在の日本は、これまで人々の意識を規定してきた仕切りが失われ、「閉じた共同体的空間」が崩壊する過程にあります。いわば、これまでの平等意識の基盤となってきた空間意識が変化するとともに、平等意識自体が激しく揺さぶられているのです。しかしながら、人々はいまだ新たな平等の参照空間を見いだすことができずにいます。

現代は、世界的に〈境界線〉の変容が見られる時代です。〈境界線〉の変容が見られる時代、それは否応なく人々の平等・不平等をめぐる意識が覚醒する時代です。ひとたび覚醒した人々の意識は、新たな参照空間によって一応の安定を見いだすまでの間、不安定な状態に留め置かれるでしょう。日本もまた例外ではありません。あるいはむしろ、これまで安定した仕切りが存在しただけに、現在の不安定も著しいといえるかもしれません。

流動化する〈境界線〉の時代に、参照すべき空間を見いだせない〈私〉の平等意識は、宙に浮くばかりです。はたして、新たな不平等意識は、どこに向かうのでしょうか。

3 「いま・この瞬間」の平等

平等意識と時間感覚

次に、平等意識と時間感覚の関係についても、考えてみたいと思います。前節で検討したのが、人々の平等意識の基盤にある空間感覚の変容であったとすれば、今度は人々の時間感覚の変化が主題となります。

すでに繰り返し〈私〉の平等について論じてきました。階級的平等ではなく、一人ひとりの個人にとっての、この〈私〉の平等。いいかえるならば、ますます鋭敏化する自己意識を伴った諸個人間の平等は、特有の時間感覚をもたらします。すなわち、〈私〉の平等意識は、階級よりも個人、というばかりではなく、個人の意識もさらに細分化していくのです。そのような個人の意識が行き着くのが、「いま・この瞬間」の平等です。

この点に関しても、参照すべきはまずトクヴィルです。トクヴィルは、平等社会における個人の意識や欲望が、「いま・この瞬間」に向かいがちであることに注目しています。伝統的な貴族制社会に生きる個人は、所属する家の伝統とのかかわりにおいて自分を捉えました。その場合、家、およびそこに流れる時間感覚を支えたのは土地でした。家の記憶は土地に体現され、家の歴史が蓄積された土地を目の当たりにすることで、個人はそこに流れる時間感覚を自ずと実感したのです。そのような時代の個人にとって、自分の人生よりも長い時間感覚はきわめて身近なものであったとトクヴィルはいいます。

このような土地と結びついた記憶を支えたのは、土地が分割されることなく、そのままのかたちで代々継承されてきたという事実です。よって、このような土地に体現される家の伝統の基盤にあったのは、長子単独相続制にほかなりません。

これに対し、財産が分割されて相続されるようになると、あっという間に土地は細分化されていきます。やがて売り払われてしまうかもしれません。土地は売買の対象となり、家の記憶を保存する入れ物ではなくなるのです。したがって、相続が平等化されるにつれて、家の伝統もまた解体していくだろうとトクヴィルは予言しました。実際、彼はそのことをアメリカにおいて確認したのです。結果として、平等社会における個人は、家の伝統から自分を切り離して考えるようになります。

家の伝統という時間の流れから切り離された個人は、次第に自分をより短い時間感覚のなかで捉えるようになります。自分の生前や死後の時間を想像することは、個人にとってますます難しくなり、自分をそのような時間の継続性において捉える習慣もなくなっていきます。さらにいうならば、自分の死後のことはもちろん、自分の人生についても、長い先のことを想像することは難しくなっていきます。平等社会の個人の意識は否応なく「いま・この瞬間」へと集中していくのです。

しかしながら、このような平等社会の個人の意識は、デモクラシーを困難にするとトクヴィルは考えました。なぜなら、デモクラシーを実現するためには、短期的な自己利益の視点だけでは十分でないからです。すでに指摘したように、デモクラシーとは、〈私たち〉の意志で〈私たち〉の問題を解決していくことです。そうだとすれば、人々は、〈私〉だけではなく、〈私たち〉にとっての利害を考える必要があります。もちろん、短期的に考えれば、自分の利益と社会全体の利益が反しているように見えるかもしれません。しかしながら、長期的に考えれば、自分の利益と社会の利益、あるいは〈私〉の利益と〈私たち〉の利益が一致する可能性もあります。たとえば税金を払うことは短期的には〈私〉の損失ですが、もしその税金が有効に活用され、〈私たち〉の社会の発展に役立てば、長期的には〈私〉の利益にもなります。このような可能性を人々が実感として信じていればこそ、デモクラシーも安定するとトクヴィルは考えました。いわゆる「正しく理解された自己利益」論です。

もちろんトクヴィルは、平等社会を生きる個人に、自己利益を放棄しろとはいいません。ただ、少なくとも、自分の利益といっても、できるだけ長い時間の射程を踏まえて考えるべきだというのです。また、自己利益と社会全体の利益について、相互に矛盾するとばかり考えるのではなく、どこかで両者が折り合う可能性を模索した方が、結果的に、自己利益もよりよく実現できることに気づくべきだというのです。そのように考えるトクヴィルにとって、平等社会を生きる個人の意識が「いま・この瞬間」に局限されてしまうことは、深刻な問題でした。

戦後日本における家族と「不平等感の消失」

このようなトクヴィルの議論を踏まえて、日本社会の現状を考えてみましょう。この点に関連して、社会学者の佐藤俊樹が興味深い指摘をしています(「爆発する不平等感――戦後型社会の転換と「平等化」戦略」)。

佐藤はまず、戦後の日本社会が機会の不平等をより軽く感じさせる仕組みをもつ社会だったのではなかろうか、という問題提起をします。すなわち、不平等をめぐる実態と、その感じ方との間には、ずれが存在したのではないかと指摘するのです。たしかに戦後日本社会は、ある時期から「平等社会」といわれるようになります。しかしながら、そのような時期においてすら、世代間の職業継承性という視点からすれば、他の先進国と比べてとくに平等であったわけではありません。親の職業が子どもに継承される傾向が強く、異なる職業や階層への移動がけっして容易ではなかったのです。にもかかわらず、日本社会が平等な社会と思われたとすれば、そこには独特な「不平等感の消失」作用があったのではないか、というのが佐藤の仮説です。佐藤はさらに、この「不平等感の消失」をもたらす上で大きな役割をはたしたのが家族であったと考えます。

それでは、家族と機会の平等との間に、いかなる関係があるのでしょうか。ちなみに、佐藤によれば、機会の平等の実現にはある難点があります。不平等をどの段階で確定すればよいのか、はっきりしないというのです。現時点での職業や収入が将来どのような帰結をもたらすのかは、究極的には死ぬまで確定しません。仮に、ある時点では不平等だとしても、人生のさらなる段階では不平等が是正されるということもありえます。逆に、人生の最後になって、やはり機会の不平等が厳然として存在したことがはっきりするかもしれません。いずれにせよ、問題なのは、機会の不平等の結果が確定した段階(すなわち当人が死ぬ時点)では、その是正がもはや不可能だということです。そうだとすれば、より早い段階で不平等を是正することが必要になりますが、その場合、最終的な結果が不確定な状態での介入が必要になります。

ある意味で、この難点を緩和するのが、親と子どもの間に設定される連続性です。つまり、親が、子どもを自分の代理、あるいは「準本人」とみなすならば、親のこうむった機会の不平等を、子どもの代で是正することを期待することも可能です。自分は経済的理由から進学をあきらめたが、子どもには何とか大学まで進ませたいと願う親は、その一例です。近代社会は個人を基本単位とする以上、本来、「準本人」という考え方はありえないはずですが、家族、とくに親と子は、その数少ない例外としての機能をはたしえたというのです。この意味で、機会の不平等をめぐる議論は、密接に家族の問題と結びついてきます。戦後日本においては、持続する経済成長と、この「代理としての子ども」という発想があいまって、特有の「不平等感の消失」効果が働いた可能性があります。

ところが、現在、家族を通じての「不平等感の消失」効果が失われつつあり、そのことが「不平等感の爆発」をもたらしていると佐藤は指摘します。その背景にあるのが、「代理としての子ども」という考え方の希薄化です。少子化はそのわかりやすい指標ですが、子どもがいる場合でも、「代理」とはみなさなくなっているというのです。関連して、NHK放送文化研究所の「日本人の意識」調査によれば、日本人の生活目標において未来志向が衰退し、現在志向(「その日その日を、自由に楽しく過ごす」)が強まっていることがわかります。結果として、未来における不平等の是正、すなわち「準本人」としての子どもの代における不平等是正への期待が失われ、「不平等感の消失」効果も失われつつあります。このことが人々の不平等感を強め、日本社会を「不平等に敏感な社会」にしていると、佐藤は指摘します。

佐藤は、以上の認識に立って新たな解決策を講じるわけですが、有力なのはやはり、不平等を本人の生きている間に是正するための方策ということになります。いわば「子どもの将来」よりも、まずは「本人の将来」を確保する必要があるということです。「準本人」的な考え方がなくなれば、そういう曖昧な未来への期待では現在の不平等感を解消しがたくなり、その分、社会保障の仮想的な個人勘定化といった、厳密に個人単位での不平等是正が要請されてくるというわけです。

このような佐藤の分析が正しいとすれば、現在、平等・不平等をめぐる意識が、世代を超えることがなくなり、あくまで個人単位になっていることが重要なポイントになってきます。このような意識はさらに、個人の一生をかけてというより、より短期的な不平等是正を求める声へと、当然のことながらつながっていくでしょう。このことを考えるために、現代における世代論の活発化についても、触れておきたいと思います。

世代間対立の顕在化

現代日本社会における「格差社会」論の一つのポイントは、世代間格差にあります。問題が先鋭的に現れたのは、若者の雇用問題でした。九〇年代以降の、いわゆる「フリーター」の増加について、当初有力だったのは、自分の進路の確定を先送りしようとする「モラトリアム」や、現実不可能な「夢追求」、あるいはつかみどころのない「自分探し」など、もっぱら若者の意識にその原因を還元しようとする議論でした。しかしながら、二〇〇〇年以降、このような議論に対しては、問題を単純化し、むしろ社会変化の全体像を見誤らせるものであるとの批判が増えています。すなわち「フリーター」から「ニート」に至る若者の雇用問題の背景として、中高年の雇用確保のための新規採用抑制や、雇用の流動化・非正規化が指摘されるようになりました。いわば、若者は上の世代の既得権維持のための犠牲者である、という認識が急激に広まったわけです。

「団塊」が悪い、いや若者が悪い、あるいはその中間世代が問題だ、といった安易な悪者探しは不毛でしょう。とはいえ、ここには世代間に構造的なかたちで存在する、抜き差しならない利害対立への注目があることは間違いありません。このような認識を象徴的に示した著作として、城繁幸『若者はなぜ3年で辞めるのか?――年功序列が奪う日本の未来』を取り上げてみたいと思います。

本の表題にも示されているように、城の問題意識は若者たちに蔓延する閉塞感の理由を探ることにあります。その批判の対象となるのは、年功序列というシステムです。勤続年数に応じて組織内の序列が上がり、比例して報酬も上がるというシステムは、多くの企業においてすでになかば崩壊しています。にもかかわらず、人々の意識や組織の仕組みはそう簡単には変わりません。結果的に、年功序列というレールにのっているつもりだった人間は、あるとき突然、そのレールが途切れていることに気づかされることになります。約束されていたはずの報酬やポストは、もう存在しないからです。

しかしながら、日本の年功序列の仕組みはこれまで、「若い時分の頑張りに対する報酬は、将来必ず得ることができる」という期待に支えられてきました。この期待ゆえに人々は長時間労働に耐えてきたにもかかわらず、その期待はむなしく裏切られるというわけです。城はいみじくも、年功序列制度は、組織の方針を信頼し、将来を託すという意味で、一種の宗教に似ていたと指摘します。ある意味で、多くのサラリーマンは単に経済的な損失をこうむるだけではなく、同時に、信ずべき宗教も失ったのです。

下の世代はもっと悲惨でした。この世代には、もはや信ずべき宗教すらないのです。にもかかわらず、新規雇用が縮小した結果、「下働き」としての仕事がこの世代に集中します。さらに非正規雇用化が進んだ結果、非正規の仕事しか選びようがなかった世代がその下に続きます。彼らのほとんどはポストも報酬も得られず、「働き損」に終わります。彼らには「やり場のない徒労感」しか残らないと城は述べ、これが「若者が三年で辞める」理由であるとします。

城はこのような状況を、すでに雇用している人間の既得権を維持するために、若者の雇用を犠牲にした結果として捉えます。さらには、年功序列の本質を、「ねずみ講」とさえ表現します。「若いうちは我慢して働け」という上司は、いわば若者をそそのかして人生を出資させているようなものだからです。たしかに「自分たちは若いうちに頑張ったのだから、その分の報酬をいま受ける権利がある」と年長者はいうかもしれません。しかしながら、城にすれば、あるいはより若い世代にすれば、それは誰かに貧乏くじを引かせてもかまわないという発想ということになります。そのような発想を年長者がもっているならば、若者もまた、「そのような義務を背負わされる理由などない」といい切る権利をもっていると城は主張します。

ここに見られるのは、「年功序列というシステムが崩壊した時点で、その人間が何歳であったのか」という、まったくの偶然に基づく不平等の告発です。いいかえれば、ある世代が、取り戻し不能なかたちで「貧乏くじ」を引かされたことへの怒りです。

かつてであれば、若い時期の苦労はいつか報われるという期待をもてたかもしれません。その意味で、「自分もあの年代になれば」ということで我慢でき、世代の違いはかならずしも世代対立には転化しませんでした。いわば、世代の違いを、自分のライフステージの違いとして理解することが可能であったわけです。しかしながら、そのような期待が年功序列システムの崩壊とともに失われるやいなや、「自分は、いつになってもあの世代のようにはならない」という思いが強くなります。世代の違いを、自分のライフステージの違いとして受容する余地はもはやなくなってしまったのです。

そうだとすれば、人々は今後どのようなシステムを望むでしょうか。城は、年功序列の単線レールに代わるべき複線レールを主張するとともに、「レールを降りる」自由を擁護します。

労働者と企業は対等な関係に立つべきであり、労働者は組織内で結果を出し、それに対し企業は直ちにしかるべき対価を用意することが重要だといいます。城が求めているのは、彼がいうところの成果主義の本質、すなわち「働いた分の報酬はタイムリーにキャッシュで支払う」ことです(もっとも、彼は現在の日本の成果主義は、従来の年功序列のレールに接ぎ木されたものであり、矛盾を抱えているとしています)。ここには、将来への根拠なき期待を抱けない以上、「いま・この瞬間」に、労働の報酬を求めるのは当然であるという発想があるといえるでしょう。

このような城の議論は、現代日本における世代間の不平等をめぐる関心状況をよく示しています。人々はもはや、遠い将来におけるリターンを期待して現在の労働に耐えることはできません。それを可能にしたのは年功序列というシステムであり、そのシステムが生み出した「宗教」だったからです。ところがもはや、それらの「宗教」は雲散霧消してしまいました。そうだとすれば、人々がより短期的に、さらにいえば、「いま・この瞬間」に報酬を受けたいと願っているとしても当然ということになります。

〈私〉の平等意識の必然性

このように、現代日本社会においては、人々が世代を超えて、自分の子どもの代において機会の不平等を是正するという期待をもつことが難しくなっています。また、上の世代を見て自分の将来を想像することが難しくなり、世代の違いを端的に格差の問題として受け止めるようになっています。ここには、人々の平等をめぐる意識が想定する時間の幅がどんどんと短くなっている様子がうかがえます。そして、その背景には、家族や企業の変質という構造的要因があります。そうである以上、人々が不平等の是正をより短期的に求める傾向が当分続くことは、容易に予想されるでしょう。

今後、現代日本における平等・不平等は、ますます短い時間軸において認識されるでしょう。その分、人々の意識は鋭敏化し、対立はことさらに修復不可能なものとして映ります。ここまで検討してきたように、〈私〉の平等を求める意識は世界的な動向ですが、日本の場合、これまで人々の意識を規定してきた空間的な仕切りが失われ、時間的な幅がとくに短くなっています。そのために、不平等の意識は、単なる経済的な指標からうかがえないほど、不安定かつ鋭敏なものになっているのです。

一人ひとりが特別であることを認めてもらいたいと願う〈私〉の平等意識。このような意識は世界的な趨勢ですが、日本の場合、この意識がとくに、階級意識とも結びつかず「閉じた共同体的空間」からも放り出された〈私〉の平等意識として、あるいは、未来に期待をもてず「いま・この瞬間」の不平等是正を求めてやまない〈私〉の平等意識として現象しています。このような〈私〉の平等意識が生み出された背景には、歴史的・構造的な要因があります。そしてこのような、〈私〉の平等意識は、これまで繰り返し指摘してきたように、独自の不安定さを内包しています。

平等への欲求はかつてないほど先鋭化していますが、その平等を実現するための、他者との連帯・共闘の道筋は不透明になるばかりです。それどころか〈私〉の平等意識には、自分と同じような人間たちの一人に過ぎない自分、という独特の無力感があります。他者との紐帯が希薄化するなか、自分の「かけがえのなさ」にあくまでもこだわる〈私〉。と同時に、「大勢のうちの一人」でしかない自分の小ささを、痛いほど自覚している〈私〉。このような〈私〉の平等意識こそが、現代の平等問題の最大の特徴なのです。

第二章　新しい個人主義

1　否定的な個人主義

現代的な「個人化」

第一章では、今日の社会を貫く平等意識の変容を検討しました。平等化の現象は、単に人と人の関係のあり方を変えるばかりでなく、個人の自意識にも大きな影響を及ぼします。他者との関係の変化は、否応なく、個人の自己理解や自分自身へのかかわり方を変えていくからです。平等化は個人主義の問題と連動し、両者のダイナミズムが社会や政治の変化を生み出す——このことを強調したのが、ここまでもたびたび言及してきたトクヴィルでした。

その意味で、いまの私たちにとって必要なのは、トクヴィルの洞察にならいつつ、しかしながらトクヴィルの生きた一九世紀とは根底的に異質な現代世界において、平等化と個人主義のダイナミズムがもたらす変化の質と規模を測ることです。そして、そこに現れる新たな人間像と〈私〉の意識を把握することです。

それでは、二一世紀のグローバルな平等化は、いかなる個人主義を生み出すのでしょうか。どのような新しい個人のあり方、自己理解、自己自身への関係をもたらすのでしょうか。

今日、あらためて個人化が問題になっています。しかしながら、かつて個人という理念が高らかに語られた時代と比べると、その色合いはかなり違ったものになっています。「はじめに」で、現代が近代のいわば「折り返し点」を過ぎたのではないか、という話をしましたが、この後期近代における個人化の語られ方は、近代の初期における個人の輝かしさに比べると、どうしても否定的な調子が目立つのです。

すでに指摘したように、かつてであれば、伝統的な共同体や宗教の束縛から個人が解放され、自らの運命を自分で決められるようになることを個人化と呼びました。そこにはたしかに、個人がより自由になることで、社会秩序が不安定化するのではないかという危惧も存在しました。とはいえ、個人の自由、独立、そして自律という理念の輝かしさの前に、それらの危惧は影が薄くなりがちでした。

これに対し、現代において個人化が語られる場合には、これから見ていく「社会的不平等の個人化」（ウルリッヒ・ベック）や、「負の個人主義」（ロベール・カステル）のように、否定的な存在と結びつけられたり、否定的な形容詞とともに用いられたりする方が目立つのです。

このような、現代的ともいえる否定的な個人主義をどのように評価したらいいのでしょうか。ひとつ注意しなければならないのは、ここでいう否定的な個人主義とは、かつてエーリッヒ・フロムが『自由からの逃走』で論じたような意味での否定性とも違うということです。フロムの脳裏にあったのは、ナチス時代のドイツにおいて、人々は自由の重みに耐えかねて、自ら自由を放棄してしまったのではないかという問題意識でした。しかしながら、ここでは、自由の重みを担うことができない人々が問題にされるとしても、個人の自由の価値それ自体は疑われていません。いわば、価値あるものに対し、現実の人間がそれを担うために必要な準備や資質が欠けていることが問題とされたのです。

これに対し、現代において語られる否定的な個人主義においては、個人であることは端的に脆弱であること、無力であることを意味します。仕事であれ、安全であれ、関係であれ、いずれにせよ「欠けている」ものとして、純粋な欠如として個人化が語られるのです。これはいったいどういうことなのでしょうか。

秋葉原の通り魔事件

ある意味で、現代における「個人化」のもつ否定性を象徴した事件として、二〇〇八年六月に東京の秋葉原で起きた通り魔事件をあげることができるかもしれません。この事件は、自動車会社に派遣社員としてつとめていた二〇代の男性が、トラックで秋葉原の赤信号の交差点に突入、さらにはナイフで人々に襲いかかった事件でした。死者七名を含む多数の被害者をもたらしたこの事件は、日本社会に大きな衝撃を与えました。

しかしながら、この事件の与えた衝撃は、被害者の数の多さだけではありませんでした。問題はその動機であり、容疑者の語った「生活に疲れた。世の中がいやになった。人を殺すために秋葉原に来た。誰でもよかった」という言葉が波紋を呼んだのです。この言葉をどう受け止めるかによって、事件の理解はまったく異なってきます。容疑者の個人的な特性に由来する、きわめて特殊な出来事としても受け取れるこの事件は、同時にまさに「格差社会」がもたらした悲劇としても理解可能だったのです。

最初に報道されたのは、容疑者の個人的な背景でした。生まれた場所、育った家庭環境、進学をめぐる挫折、繰り返された転職、そしてネットへの極端な依存ぶりが日々報道されました。そのような報道には、親子関係のゆがみ、挫折をきっかけとする転落、ネット中毒症状など、事件をいささか紋切り型的に、個人的な事情によって説明しようという傾向が少なからず見られました。

しかしながら、これらの背景の一つひとつを取り上げてみれば、現代日本社会の至るところで見られるものばかりです。本人自身うまく理解できないままに「転落」し、現実の職場のみならずネット社会ですら「孤立」していく過程は、誰にとってもまったくの他人事とはいえないものでした。

それでは、この出来事はむしろ、社会的背景によって説明されるのでしょうか。たしかに、事件は、あらためて派遣労働者の不安定な生活ぶりを明らかにしました。現在、二〇代の若者の半分近くが、非正規労働に従事しています。行きすぎた非正規労働化が、彼ら、彼女らの生活をいかに過酷な状況へと追いやったか、事件が社会の再考を促したことは間違いありません。

とはいえ、容疑者の置かれた状況の過酷さは理解できるとしても、それと行った犯罪との間に、まったく関連が見えてこないのも事実でした。たとえば、不満をぶつけた対象です。容疑者は人員整理への不安にさいなまれ、職場の人間関係にも不満をもっていたとされます。ところが、彼の標的になったのは、当の派遣先ではありませんでした。「勝ち組はみんな死んでしまえ」という容疑者が選んだのは、自分にとってなじみがあり、むしろ自分と近い人々の集まる秋葉原だったのです。被害者たちは、いずれもたまたまそこにいた人々であり、その意味で、彼の「報復」の対象の選択は、まったく恣意的でした。

要するに、事件を容疑者の個人的な病理によって説明するには、あまりにも彼のたどった人生の軌跡は生々しく、かといって格差社会のアンチ・ヒーローとするには、あまりにその行為は恣意的だったというわけです。おそらく容疑者自身、自らの不満の原因について見定めることができず、その不満をどこにぶつけていいのかもわからないままに、犯行に及んだのでしょう。不満の堆積とその行き場のなさばかりが印象づけられた事件でした。

社会問題の心理化と個人化

ところで、この事件への対応のうち、原因をもっぱら容疑者の個人的な環境や異常心理に還元する見方は、典型的に「社会問題の心理(学)化」と呼ぶことができるものです。この社会問題の心理化については、すでに多くの議論がなされていますが、その背景にあるのは、現代社会に一般的に見られる心理学ブームです。今日、誰もが「エディプス・コンプレックス」や「アダルト・チルドレン」といった言葉をあたり前のように口にし、「トラウマ」、「オブセッション」、「多重人格」のような概念が、本来の文脈を離れ広く一般的に用いられるようになっています。ある意味で、心理学や精神医学の(擬似)知識や技法が社会に流布することで、社会から個人の内面へと人々の関心が移りつつあるといえるでしょう。

このような傾向については、多くの先進国に共通して見られる現象であり、単なる一過的なブームとは思えません。日本でも過去に何度か、擬似的なものも含め心理学の大流行が見られましたが、とくに一九九五年一月の阪神・淡路大震災では、PTSD（心的外傷後ストレス障害）が問題になりましたし、同年三月の地下鉄サリン事件を機に、事件にかかわった人々の心理について関心が高まりました。結果として九〇年代後半以後、ふたたび「心の時代」がいわれるようになり、心理学者がさまざまな事件や社会現象についてコメントを求められることも多くなりました。このような場合、往々にして、もっぱら個人の心理へと関心が集中しがちです。九〇年代前半が冷戦終焉と政治改革の時代であり、新たな時代に向けての社会の変革に期待が高まった時代であったとすれば、九〇年代後半は社会変革への動きが停滞し、むしろ閉塞感が広まった時代でした。「心の時代」はそのような時代の潮流の変化とともに到来したのです。

このように、社会的現象を社会的背景からではなく、個人の性格や内面から理解しようとする傾向は現在では、広く一般的に見られるものですが、この傾向は少年犯罪などにおいてとくに顕著です。このことに対し、犯罪をもっぱら「心の問題」として提示してしまうことで、問題の社会性が隠蔽されてしまうことを警戒する論者も少なくありません。また、このような言説自体が一人歩きすることで、逆に「心の問題」や感情こそが重要であるという「現実」を構成してしまうことを危惧する研究者もいます。

関連して、「カウンセリング」や「セラピー」といった対処法が流布するのも、この社会問題の心理化と無縁ではないでしょう。社会的危機が個人的なものとして現れる以上、危機に対しては個人が対応するしか道はないというわけです。しかしながら、このことが行き過ぎれば、本来、社会的な問題として公共的に取り組まれてしかるべき事柄が、もっぱら個人の処理すべき課題として受容され、個人的な負担を強いるという結果をもたらしかねません。

社会的なものの個人化

しかしながら、問題を「社会化」することも容易ではありません。この点に関して、「社会的なものの個人化」について論じている、フランスの政治学者ピエール・ロザンヴァロンの議論が参考になります（『連帯の新たなる哲学―福祉国家再考』）。

ロザンヴァロンはこのことを、失業を例にとって論じています。ヨーロッパをはじめ、現在、世界の各地で長期的な失業が問題になっています。かつてであれば、このような失業状態を分析する際には、地域、年齢、性別、学歴といった客観的なデータを集め、具体的な集団や社会階層を単位として説明することが可能でした。しかしながら、いまや状況ははるかに複雑化しています。これら集団や階層だけでは、事態を十分に説明できなくなっているというのです。現代における失業を説明するにあたっては、これまでの職歴(職業移動や、労働契約の類型)、家族構造の変化、心理面での個人史を考慮しないわけにはいきません。「集団・階層」から「個別の状況や人生の軌跡」へ、あるいは「社会学」から「個人史」へというこの変化を、ロザンヴァロンは「社会学的革命」とさえ呼んでいます。

そうだとすれば、今日における失業者はかつてのような意味での階級を構成することはありません。たしかに彼ら、彼女らの経歴のうち、ある部分は間違いなく共有されています。そして、その共有されている部分こそが、まさに脆弱性の原因でもあるのですが、一人ひとりの個人にとっては、まさに個別的な「人生の問題」です。進学に失敗すること、離婚すること、一時的に失業すること、これらのことは個別的に見れば、一人ひとりの個人のパーソナルな出来事です。しかしながら、そのようなパーソナルな出来事のなかに社会的不平等は入り込み、結果的に、本来はシステムの問題が個人の問題に転化してしまいます。暫定的な失業から、職探しを何度も試みているうちに継続的失業となり、そのために職を得ようという希望すらなくなってしまうニートの例などがその典型です。

その場合、外界で起こったことが次第に個人の意識のなかに押し込まれ、個人の問題になってしまいます。仮に経歴に共通する部分があるとしても、そのような人々と連帯し、共通の階級意識を形成することは困難です。結果として、彼ら、彼女らは階層や集団を構成することはなく、したがって集団的な社会行動に出ることもできないのです。このことはもちろん、現代の新自由主義的な「自己責任」論の影響ともいえますが、同時に、現代において人々の人生を隔てる分断線が、より見えにくくなり、かつ個人の人生における個別の出来事のなかにまぎれこんでしまっている結果ともいえます。そのために、社会的不平等は個人化し、問題は〈私〉のなかに潜伏してしまうのです。

ロザンヴァロンは、現代において排除される人々について、彼ら、彼女らは、社会の機能不全によって登場した存在であり、ある意味で、非社会化の結果もたらされたものであるといいます。現代社会のキーワードの一つである「プレカリテ」とは、このような意味での不安定性や脆弱性のことを指します。脆弱な立場に置かれた人々は、古典的な意味でのプロレタリアート階級を形成せず、むしろ「プレカリアート」となります。積極的に階級や集団を形成することなく、欠如態においてのみ語られるという意味での「プレカリアート」は、まさに現代の、否定的な個人主義を象徴しているといえるでしょう。

福祉国家における個人の変容

それでは、なぜこのような「個人化」が現代において生じているのでしょうか。このことを福祉国家とのかかわりで考察したのが、ドイツの社会学者ウルリッヒ・ベックです。「リスク社会」論で知られるベックは、この「リスク社会」との関連で、「社会的不平等の個人化」について論じています（『危険社会――新しい近代への道』）。

ベックの議論の重要なポイントは、現代社会において個人が置かれた状況の診断を、近代化の一定の達成と結びつけている点にあります。現在、たしかに個人は独特なかたちでリスクと直面しています。しかしながら、このことはまさに、近代化の成功の結果でもあるというのです。たしかに、福祉国家化の進展は、高い物質的生活水準と社会保障の発展をもたらしました。この結果、伝統的な階級や家族からの個人の解放、高等教育の普及、男女関係の変化が実現しました。ところがベックは、このような福祉国家の達成を前提に、リスクの個人化が生じているというのです。

階級や家族を例に考えてみましょう。近代化の初期段階において、伝統的な家族や階級の桎《しっ》梏《こく》から解放された個人は、一人の人間として、自らの人生を決定していくことを目指しました。それを支えたのが、近代の学校システムや社会保障制度でした。これらの制度の力によって、個人ははじめて自由に職業を選択できるようになり、物質的にも個人として生きていけるようになったのです。逆にいえば、これらの制度は、伝統的な家族、近隣関係、階級などから個人を切り離し、自由な雇用労働者として労働市場に参入させていくための装置でもあったということになります。

現代の福祉国家の発展により、このような解放は新たなる段階へと到達しています。平均寿命は伸び、労働時間は減り、さらに可処分所得は増大しました。一人ひとりの個人がより多くの時間とお金をもつようになることで、家族のなかにも個人化が浸透していきます。個人が自らの将来を選択するにあたっては、もはや親や、自らの所属する階層を基準とすることはなく、むしろ学校教育制度を通じて自らの運命を決定することになりました。女性も教育を受け、一人の労働力として労働市場へと解放されることで、伝統的な男女関係も変わっていきます。教育の制度化が進むにつれ、教育の達成は試験という「個人化された針の穴」を通ってのみ可能となります。結果として、「解放された」一人ひとりの個人は、ますます自分自身に目を向けるようになっています。あるいはむしろ、向けざるをえなくなっているというべきでしょう。リスクやチャンスにみちた労働市場において、自分のライフコース、自分の運命を決定していくことが、個人の使命とされるようになりました。

かつてであれば、家族での経験や、家庭のなかに反映される階級の影響を受けて、個人は社会化されていきました。その際、良きにつけ悪しきにつけ、家族や階級ごとに、ある種の生き方が前提とされました。これに対し、現在、個人は、自分だけを頼りにして、自分の生き方を選択していかなければなりません。その場合も、前提とされるべき生き方は存在しません。それゆえに、かつてであれば「階級の運命」として受け止められていたものが、いまや個人の人生における問題として現れるのです。

個人に襲いかかるリスク

もちろん、福祉国家化が悪いので、それ以前の社会のあり方に戻れ、というわけではありません。伝統的な社会においては、各個人はたしかに家族、地域、身分の保護機能や相互扶助の仕組みに頼って生きていくことができました。とはいえ、それは同時に、その規制や拘束を受けることとセットであり、このような規制や拘束を守れない人間は、「浮浪者」や「逸脱者」として、保護の対象外とされました。近代化は、まさにこのような規制と拘束の枠組みから、個人を解放することを目指したといえます。今日、もはや伝統的な保護や相互扶助の仕組みに頼ることはできなくなっています。そのような仕組みを支えた家族や階級構造、あるいは地域社会が、近代化の進むなかで衰退していったからです。日本のように、家族や職場が、一定の社会保障機能を代替した社会においても、事態は同じです。あるいはむしろ、公的な社会保障に不備がある分、これらの中間集団の弱体化や空洞化のダメージが大きくなっているというべきでしょう。

しかしながら、これまで伝統的な組織に代わって個人を保護してきた福祉国家もまた、現在、岐路に立たされています。低成長が続いた結果、「大きな政府」を支えるために十分な財源を見いだすことが難しくなったことはたしかですが、それだけが原因ではありません。すでに触れたような「社会学的革命」によっても、福祉国家は機能不全に陥りつつあります。集団や階層として捕捉できない個人の運命に対し、福祉国家は有効な手を打てないでいるのです。結果として、失業をはじめとするリスクは、個人の人生の特定の局面において、あたかも特定の個人の運命であるかのごとく、襲いかかります。

このような事態を、ベックは印象的な表現で言い表しています。「〔リスクは〕さしあたりしばしば通りすがりの者のひそかな足音とともに人生に忍び込み、行ったり来たりを繰り返して、いつの間にかそこに住み着き、それから何とかなるはずなのにダメだったという重苦しい気分とともに人間の心の奥に巣を作るのである」(『危険社会』、一七八頁)。

本来は、社会的な背景をもつ問題が、個人の問題として現象しがちな現代社会。リスクが個人の運命として受け止められがちな現代社会。このような現代社会において進む、脆弱さや欠如態として語られる個人化こそ、ここでいう否定的な個人主義です。このような否定的な個人主義をまず語らなければならない点に、現代における新たな個人主義の問題性が現れています。

2 「自分自身である」権利

「ナンバーワン」より「オンリーワン」

前節で見たように、今日のあらゆる社会的問題は、個人を通してその姿を現します。一人ひとりの個人にとっての〈私〉は、社会の矛盾や不平等が噴出する、いわば「窓」のような役割をはたしているのです。

とはいえ、そのような〈私〉を生きることしか、私たちに残されていないこともたしかです。「私って何」、「僕って何」、私たちはそう尋ねながら、日々の生活を送っています。「私らしさ」、「僕らしさ」という問いから逃れることはできないのです。かつて哲学者のカントは、『啓蒙とは何か』において、啓蒙の標語は「あえて賢かれ！」であるといいました。それになぞらえていうならば、現代の個人主義の標語は、「自分自身であれ！」ということになりそうです。現代において〈私〉であること、あるいは「自分自身であること」は、権利であると同時に義務なのです。

それにしても、「自分自身である」権利とは何とも不思議ないい方です。というのも、人が自分自身であることはあたり前のことであり、ことさらに「権利」と呼ぶ必要はないようにも思われるからです。もちろん、自分がしたくもない行為をさせられたり、自分の意に染まぬ服装や髪型を強制されたりすることに対して、自分らしくありたいと主張することはありうるでしょう。しかしながら、「自分自身である」権利とは、このような強制の排除に尽きない意味をもっています。

「自分自身である」権利とは、他人とは違う自分の個性を、そのものとして、つまり他人との優劣をつけることなしに承認してもらうことを願うものです。再びＳＭＡＰの『世界に一つだけの花』の話に戻れば、「ナンバーワンにならなくてもいい／もともと特別なオンリーワン」という歌詞は、まさにこのような思いを表したものといえるでしょう。というのも、「ナンバーワン」が他人との優劣を前提にしたものであるのに対し、「オンリーワン」はそのような比較抜きの「もともと特別な」ものとされるからです。外的な強制はもちろんのこと、外的な基準によって自分を測られること自体の拒絶が、「自分自身である」権利には含まれるのです。

一人ひとりの個人に固有なものの尊重

このような、外的な基準によって測られることの拒絶という視点から、現代の個人主義の問題を考えた思想家の一人に、フランスの哲学者・社会学者のジル・リポヴェツキーがいます（『空虚の時代―現代個人主義論考』）。彼は現代の個人主義のキーワードを、「個性化《ペルソナリザシオン》」に見いだしています。すなわち、この「個性化」によって象徴される現代社会において、もっとも基本的な価値とされるのは、一人ひとりの個人に固有なものの尊重にほかなりません。その意味で、「絶対的に自己自身である権利」とは、個人主義的なイデオロギーの究極の表現にほかならないと、リポヴェツキーはいいます。

「個性化」の時代に尊重されるのは、たとえば「パーソナリティ」であり「差異」です。このような一人ひとりに固有なものを、リラックスした空気において、率直かつ自由に表現できることが、もっとも大事なこととされます。前節でも「社会問題の心理化」の話が出てきましたが、リポヴェツキーもまた、「心理主義」こそを「個性化」の時代の特徴の一つとしています。彼はさらに、あらゆる制度は、内的なパーソナリティの自由な発露を可能にし、さらに個人の快楽とその個別的な要求に合致するために調整されることを求められるといいます。

リポヴェツキーの議論がおもしろいのは、この「個性化」を近代の個人主義の新たな段階と捉えている点です。彼の見るところ、現代的な個人主義は、近代社会の初期に見られた個人主義とは、まったく異質なものです。かつての個人主義においては、「個人であること」が求められる一方で、「およそ、個人とはかくあらねばならない」というモデルが、不可分のセットになっていました。伝統的な共同体から解放された個人は、近代の新たな秩序のなかに秩序づけられることを求められたのです。学校においても、工場においても、病院においても、あるいは軍隊においても、個人は画一的なルールに従うことを強いられました。個人の自由が拡大する分、そのような個人を規律化するものも強化される必要があったのです。各個人に固有なものは「えり好み」として排除されました。思想的に見ても、個人の自律に基づいて社会秩序を構想した哲学者たちは、カントのいわゆる「定言命法」に象徴されるように、個人の自律を重視すればするほど、そのような個人が従うべき道徳的命題を強調したのです。要するに、「規律的」、「普遍主義的」、「厳格主義的」、あるいは「強制的」なのが、この段階の個人主義の特徴でした。その意味でいえば、個人主義が強調されたのと同じ時代に、社会の「一般意志」や、歴史の必然性を強調する「イデオロギー」が論じられたのも、偶然ではありません。

これに対し、第二の個人主義革命において、個人的な活動を動機づけているのは固有のアイデンティティの探究であって、普遍性の追求ではありません。このような第二の個人主義革命は、第一の個人主義革命に必然的に伴った、「巨大化」、「中央集権主義」、「非妥協的なイデオロギー」を破壊していきます。もはやいかなるものであれ、命令的、持続的に自らの価値と基準を他に押しつけることはできません。結果として、あらゆる選択、あらゆる矛盾が、追放されることなく共存することが求められるようになります。

リポヴェツキーは、このような第二の個人主義革命を、消費社会によって実現した個人主義の大躍進であるとみなしますが、同時にこれが、より洗練された社会統制の手段であることも指摘しています。たしかに細々とした専制的な命令によって、社会を管理しようとすることは少なくなるかもしれません。権威主義的で機械的な統制も姿を消します。しかしながら、新たな「個性化」の社会もまた、管理や統制と無縁ではありません。むしろ、可能なかぎり最小の束縛と最大のプライベートな選択によって、より効率的に社会を管理することが、新たな社会的目標となります。流動的で非規格化したかたちではありますが、権力や管理装置によって練り上げられたプログラミングによって、人々の欲望は刺激され統制されるのです。今日、いわゆるアーキテクチャー権力(環境管理型権力)が語られているのも、この延長線上に理解することが可能でしょう。ＩＴテクノロジーの発展とともに、人々の行動は、人々がそれとして意識されないうちに、監視され制御されています。人々は、実際にはあらかじめ設計されたシステムによって誘導されているのですが、主観的には自らの欲望と意志に基づいて行動しているつもりでいます。

このような社会において、人々はますます自分に関心を払い、若さ、スポーツ、リズムを渇望し、人生に成功すること以上に自己実現に執着します。健康、エコロジー、カウンセリングを志向する文化でもあります。このような個人主義を、リポヴェツキーは「ポスト・モダンのナルシシズム」と呼びます。未来における社会変革に期待するよりは、むしろ私的領域における自己実現を追求するという意味で、「革命の個人」は「ナルシス的個人」に道を譲ったのです。このようなリポヴェツキーの議論は、ダニエル・ベルの『資本主義の文化的矛盾』や、クリストファー・ラッシュの『ナルシシズムの時代』などとも通底するものといえるでしょう。

「自分自身に忠実であれ」という理想

このようなリポヴェツキーらの議論は、現代の「自分自身である権利」に対し、どちらかといえば批判的なものであるといえます。彼らはしばしば、トクヴィルの「個人主義」概念に言及し、個人の私的領域への後退、政治的無関心の増大に対し、危惧の念を表明します。これに対し、同じくトクヴィルに言及し、現代的な個人主義に否定的な側面があることを認めつつも、なおも、その道徳的価値を擁護しようとするのが、カナダの政治哲学者チャールズ・テイラーです(『〈ほんもの〉という倫理――近代とその不安』)。

テイラーは、自己実現の個人主義が現代においていかに誇張され、戯画化されているとしても、そこになお力強い道徳的理想が込められているといいます。テイラーはこれを「自分自身に忠実であれ」という理想であるとします。

ひとは誰しも、自分がほんとうに重要だと思うこと、ほんとうに価値があると思うことにもとづいて、自分なりの生のあり方を発展させてゆく権利をもっている。自分自身に忠実であれ。自分にしかなれないものになれ。しかも、何をもって自分自身とするか、自分にしかなれないものとするかは、最終的にはひとりひとりが、彼ないし彼女自身で決めなければならない。彼ないし彼女以外のなんぴとも、その中身について指図することはできないし、またすべきでもないのだ。(『〈ほんもの〉という倫理』、一八頁)

たしかに、このような、最終的な決定をすべて個人に委ねる理想は、人がいかなる価値を選択しようとも、その内容を問わない相対主義にも接近します。これをエゴイズムや道徳的放縦の名の下に批判する人もいるでしょう。しかしながら、テイラーは、「自分自身に忠実であれ」の理想を放縦に還元する見方は、そこに秘められた道徳的理想を見落としているといいます。

テイラーはこのような理想の源流を、真の道徳性は各個人が自分の内にある自然の声を取り戻すことで可能になるというジャン＝ジャック・ルソーの思想と、人間らしいあり方といっても、彼には彼自身の、彼女には彼女自身の「ものさし」があるというヘルダーの考え方に求めます。両者の思考が結合するとき、「自分自身に忠実であれ」という理想が生まれます。人は自分自身に忠実でなければ、自分の人生の何たるかを見誤り、この私にとって人間らしくあるとはどういうことかを理解できない、というのがその内容です。

ただし、「自分自身に忠実であれ」という理想は、個人は何でも好きに選択できるということとは別だと、テイラーはいいます。人は自分自身を定義するとき、自分と他人の違いのなかで何が重要かを考えます。その場合、ただ違いがあるというだけでは、十分ではありません。ただ違うというだけでは、各々の価値が平等であるということの基礎にはならないからです。人は自分と他人の違いのうち、何が自分にとってほんとうに大切なものであるかを考えます。

このような自己への問いかけこそが、「問いの地平」を形成するのです。

人はこの「問いの地平」なしには、自分自身を定義することができません。この「問いの地平」があってこそ、自分をそこに位置づける距離感も可能になります。ここで重要なのは、「問いの地平」がけっして自己の内部において完結しないということです。人は何が重要かを、自分自身だけを基準に判断することができません。人は自分のアイデンティティを、その背景と照らし合わせることでしか定義できないからです。背景とはすなわち、自然や歴史と並んで社会であり、このような背景があってはじめて「問いの地平」が形成され、自己の定義も可能になるのです。その意味で、「問いの地平」を伴った自己の探究には、自ずと社会のイメージが含まれます。一人ひとりの人間による、この〈私〉にとっての人間らしさの追求が、最終的には社会の問い直しにつながるというのが、ここでの一つのポイントだといえるでしょう。

「自分自身である」ための基準の不在

とはいうものの、「自分自身である」ことが、個人にとって重い負担であることには変わりありません。現代の「個人化」の結果、人のアイデンティティは、一人ひとりの個人が、自らの責任において選択すべきものになりました。アイデンティティはもはや所与のものではないのです。結果として、人の人生のほとんどは、いかなる手段かではなく、いかなる目標を選択するのかという悩みに費やされるようになりました。

しかも、ひとたび目標を選択したところで、それが最終的なものであるという保証はありません。人はたえず、自分の選択したものについて、「この選択は正しかったのか」と自問せざるをえません。「自分はほんとうに幸福なのか」、「自分はほんとうにみたされているのだろうか」……。問いは無限に続きます。最終的には、〈私〉の選択が正しかったのかと問う〈私〉とはそもそも何ものなのか、このこと自体が問い直されます。

しかもその際、ここまでに触れたさまざまな論者が共通して指摘したように、その選択にあたって、基準となるべきものがありません。かつてであれば、人は自分の親や家族、所属する階級や身分など、参照すべき集団枠組みがありました。この枠組みに従うのであれ、抵抗するのであれ、そこから判断の指針を得ることが可能でした。

しかしながら、トクヴィルが指摘するように、よかれ悪しかれ、身近に自分と比較すべき対象をもっていた身分制社会に比べ、民主的社会に暮らす個人には、ばくぜんとした世の中以外に、参照すべきものを見つけられません。しかも、このような世の中をどれだけ凝視しても、そこに見えてくるのは、自分と同じような人間ばかりです。実をいえば、民主的社会には他者は存在しません。私たちが向き合っているのは、私たち自身にほかならないからです。

過去を参照することも難しくなっています。かつてであれば、伝統は、個人の思考の参照軸となり、判断の正当化の機能もはたしました。しかしながら、その前提には、少なくとも、「伝統は確固として存在している」という信念の共有があったことは間違いありません。仮に現在の私たちの判断がぐらつくとしても、過去からの伝統は揺らぐことなく、確固として存在している。そのように思えるからこそ、伝統は一つの価値の源泉となりえたのです。

この点について、伝統は依然として、私たちの参照すべき価値の源泉としてあるという人もいるでしょう。しかしながら、問題なのは、それではどの伝統なら頼るに値するかというときに、なかなか議論が一致しないことです。実をいえば、現代社会の一つの特徴は、「何が伝統か」という判断においてすら、競い合う諸解釈が存在するということにあります。これをアンソニー・ギデンズらのように、「ポスト伝統社会」と呼ぶ人もいますが、伝統そのものも問い直しを免れないのです。

結果として、いわば、伝統そのものの多様化、あるいは相対化が生じます。今日において、伝統はすでに一人ひとりの個人が選びとるものになっているといえるかもしれません。「これが大切であり、守るべき伝統である」という意見が、個人の数だけ存在するからです。もちろん、過去においても伝統についての「唯一絶対」の解釈が存在したとは限りません。とはいえ、かつて、自分こそが真の伝統と称するものが複数存在したとしても、その各々は、自らこそが真の伝統であることを疑いませんでした。これに対し、いまの伝統は、どれほど独断的なものであれ、自分が一つの解釈でしかないということを、暗黙裏には認めているように思えます。

意味供給源の枯渇

このような個人の置かれた状況を、既に言及したウルリッヒ・ベックは、以下のように一般化しています。

> 工業社会文化に見いだす、集合的な、集団に固有な意味供給源(たとえば、階級意識や進歩にたいする信仰)は枯渇し、解体し、魔力を失いはじめている。これらの意味供給源は、二〇世紀に至るまで西側の民主制と経済社会を支えてきたが、そうした意味供給源の喪失は、結果的にすべての意思決定作業を個人に委ねるようになる。このことがまた、「個人化過程」という概念の意味している問題である。(「政治の再創造——再帰的近代化理論に向けて」、二〇頁)

しかしながら、ある意味でいえば、このような枯渇は、まさに近代化の目指したものであったともいえるでしょう。すでに述べたように、近代化は「聖なるもの」から個人を解放することをその課題の一つとしていました。マックス・ウェーバーはこれを「世界の脱魔術化」と呼んでいます。

この点に関して、「確信の指標の解体」こそを、近代の民主主義革命の本質であるとみなしたのが、フランスの政治哲学者クロード・ルフォールです。ルフォールによれば、前近代の社会においては、祖先、創設期の英雄、神や神々、さらには自然の原理など、人間を超えた何ものかが、社会の出発点にあるとされ、またその何ものかに規範の源泉も求められました。いわば、このような超越的起源を設定することで、社会は自らを確認し、意味づけたというわけです。

これに対し、近代の民主主義革命は、このような意味での超越的起源を拒否した点に特徴があります。自分たちの社会は、自分たちの意志でつくりだしたものであり、その出発点も、価値の源泉も、自分たち自身のうちにある——これが、近代の民主的社会の根本的な信念になりました。ある意味で、近代の民主的社会にとって、参照すべきは自分自身しかないのです。民主的社会は、たえず自らの意志を、メディアを通じて表現される「世論」を通じて確認しようとしますが、これはまさに、民主的社会に他者が存在しないためです。したがって、「神の摂理」も、「自然法」も、「人間の本性」も、最終的には解体し、消失していくとルフォールは予言します。

このようなルフォールの議論のポイントは、もし近代の革命の本質がこのようなものであるならば、「確信の指標の解体」を嘆いてもはじまらない、むしろ、そのことを前提にデモクラシーを発展させるべきだ、という含意にあります。このことを一人ひとりの個人にそっていうならば、次のようにいえるでしょう。現代社会において、判断すべき基準なしに、自分の力で、自分の責任で判断を行わなければならないことは、たしかに大きな負担といえます。しかしながら、そうだからといって、ともかくも基準が必要だということで、むやみに何かを絶対化することも不毛であり、危険ですらあります。そうだとすれば、個人が自らで判断し、選択を行うために真に必要な社会的条件は何か、これをきちんと考え、実現していくしかありません。民主的社会における根拠の不在を嘆くよりも、むしろ民主的社会における自己模索の質を高めていくべきなのです。

現代社会において、「自分自身である」ことはたしかに、権利であると同時に義務といえます。この両義性を見すえた上で、「個人化」した社会をいかに安定したものにしていくか、確信できるものを欠いた状態のなかで、自己と他者に対する新しい確実性を、いかに共同で構築していけるか。このことがデモクラシーの課題となります。

3　自己コントロール社会の陥穽

現代の箴言《しんげん》

ここまで見てきたように、今日において、人々が日々配慮しなければならないのは〈私〉です。〈私〉を見つめ、絶えずチェックして、コントロールすること。これができない人間は、自己管理能力の欠如を非難されることになります。しかも、そのような能力は、何も特別な人にだけ求められるものではありません。むしろ、自己コントロール能力が、およそ万人の徳目として要求される点にこそ、現代社会の特徴が見いだせるでしょう。

ちなみに、現在、どの書店に行ってみても、実に多くの「自己啓発書」が目につきます。そのような「自己啓発書」のうちの何冊かをぱらぱらめくっていると、次のような言葉に必ず出会うはずです。「行動が変われば習慣が変わる／習慣が変われば人格が変わる／人格が変われば運命が変わる」。アメリカのプラグマティズムの心理学者、ウィリアム・ジェームズに由来するというこの言葉は、いくつかのバージョンを伴って、時間管理のハウツー本、スポーツ選手の自伝、語学書など、驚くほど多くの本に登場します。まさしく、現代の「箴言」にほかなりません。

人が自らの行動を見つめ直し、それが習慣化すれば、やがて人格の一部となり、結果として運命も変えていく。このアドバイスは、それ自体としては、なるほどと思わせるものがあります。ただ、絶えざる自己コントロールを奨励する、いささか功利主義的な臭いが感じられなくもないこの言葉が、かくも頻々と引用されているのを見ると、何ごとかを思わざるをえません。

ジェームズの原文を直訳すると「行動（という種子）を植えよ、習慣（という作物）を収穫するだろう。習慣を植えよ、人格（キャラクター）を収穫するだろう。人格を植えよ、運命を収穫するだろう」となります。種まきと収穫の比喩で語られるこの言葉は、いわば、自らを耕しその果実を得よという奨めにほかなりません。

文化や教養を耕作の比喩でイメージすることは伝統的なものですが、かつて、ゲーテの『若きウェルテルの悩み』に代表される「教養小説（ビルドゥングス・ロマン）」が旧制高校の学生によく読まれたように、この種の「自己啓発的教養書」にはエリート主義的な含意がありました。

しかしながら、現代の「自己啓発的ハウツー本」は通勤電車のなかで、あるいは朝の立ち飲みコーヒースタンドで、ごく普通の多くのサラリーマンや学生に読まれています。

現代において、自分を見つめ直すこと、絶えず自己の行動と習慣をチェックし、自分を向上させることは、特別な人でなくてもあたり前に求められる資質です。就職活動に追われる学生にとって自己分析は必須の課題であり、何が自分の長所であり短所であるのか、何枚ものシートに記入しなければなりません。成果主義に追われるサラリーマンもまた、自分が当該期間にいかなる結果を出したのか、目に見える数字で示すことが求められます。自己コントロールは、誰もが日々、直面せざるをえない課題なのです。

オーディット文化

この点に関連して、現在、「オーディット文化」という言葉が語られるようになっています。その一人である、文化人類学者の春日直樹の議論を見てみましょう(『〈遅れ〉の思考——ポスト近代を生きる』)。

オーディットとは元来、会計監査を意味する言葉ですが、現在では広く、品質の管理や保証について、報告や評価など形式化された説明責任の様式を指します。相手は株主や消費者とは限りません。患者、クライアント、隣人、住民など、現在では、いろいろな相手に対して説明することが求められます。ある意味で、どんな人も機関も、至るところで説明責任を負わされるのが、オーディット文化といえるでしょう。

このような文化は、いうまでもなく、現在の市場化の進展による産物です。市場において、消費者は商品についての正確な情報を求めます。そのような情報なしには、何を買っていいのかわからないからです。したがって、きちんと自らについての情報を開示し、自らのつくりだしたものについて説明できないような企業や生産者は、市場からの退場を宣告されることになります。このような市場のモデルが社会一般に広まった結果登場したのが、オーディット文化です。この文化の下、誰もが自分自身を、「自分はこのような商品です」と、市場に差し出すことになりました。

このオーディット文化について、春日は次のように指摘しています。「当然ながら、この文化は自己規律化の申し子でもある。「自己点検」「自己評価」の標語が正直に示すように、オーディットは自分で自分を監視し、客観的な基準によって自己を診断して、他者へと開示するよう命じる。他者に向けた説明行為は、自分が自分であるべく自己を律する行為であり、他者への責任を果たしながら、その他者に向けて「お前も自己であれ」と命じる」（『〈遅れ〉の思考』、二一三頁）。絶えず説明を求められる個人や組織は、やがて他人にも説明を求めるようになります。このようにして、誰もが自己を規律し、説明するオーディット文化が、社会の各領域に広まっていったのです。

問題なのは、このようなオーディット文化が、社会のあらゆる側面にまで浸透しつつあることでしょう。たとえば現在、大学におけるあらゆる研究が、定期的な評価を受けるようになっています。一～三年の単位で評価を受けることがほとんどですが、このことは、その時間の単位で研究が目に見えた成果を出すことが求められるということを意味します。いいかえれば、より長期的な視点から研究を行うことは、少なくとも組織管理上は都合がよくないのです。製品化を前提に研究を行う企業の付属研究所ならいざ知らず、およそ大学における研究一般に、このような評価のスタイルが当てはめられることには問題があるといわざるをえません。大学が社会に対して自らを説明する責任があることはいうまでもありませんが、あまりに短期的な評価の強要は、むしろ研究の発展を阻害しかねないのです。ある意味で、それにもっとも縁遠いと思われるアカデミズムの分野にまで、オーディット文化は広まっているのです。

このように絶えず自己チェックを求められる諸個人が頼りにする存在として、セラピスト(心理療法家)やカウンセラーがあげられます。これまでも何度か、「心理主義」や「心理化」について触れましたが、「心」の問題の解決を求め、患者あるいはクライアントが、セラピストやカウンセラーの元を訪れることは、今日、特別なことではなくなりました。

それでは、人々はなぜセラピーを求めるのでしょうか。人々はなぜ自分の「心」の問題に関心をもつのでしょうか。このセラピー文化の普及に、現代個人主義文化の特有のあり方を見いだしたのが、アメリカの宗教社会学者ロバート・ベラーです。

現代アメリカにおけるセラピー文化の普及に関して、その先駆的研究として知られるのが、ベラーの『心の習慣——アメリカ個人主義のゆくえ』です。この本のタイトルもまた、トクヴィルのテキストから来ています。トクヴィルは法制度や社会状態と並んで「習俗」を自らの分析対象として重視しましたが、この「習俗」をときに「心の習慣」といいかえています。トクヴィルのこの言葉からインスピレーションを受けたベラーは、大規模な聞き取り調査を行うことで、現代アメリカ人の国民性、典型的な生き方、そして「心の習慣」を探ろうとしました。

その際にベラーがとくに関心を寄せたのが、アメリカ人の特異なセラピー好きです。セラピストは経営管理者と並んで、二〇世紀アメリカ文化を象徴する職業であり、もはやセラピーはアメリカ中産階級の「イデオロギー」であるとさえ、ベラーはいいます。

セラピーとは、自分を知ること、自分が何を感じているのかを知ること、そしてそのことを通じて、自分と他者の関係を調和あるものにしていくための技法とされます。ほんとうの自分がわからないために、自分を大切にできない人。さらに、自分を大切にできないために、結果として他者との関係もうまくいかない人。セラピストは、このような人々に、自分を見つめ直すことで、悪循環から脱することができると語りかけます。

セラピー的な発想の根源にあるのは、すべての出発点は自己にあるという考え方です。自己こそが他者との関係の源泉にあるのだから、自己を再発見することが他者との関係改善の第一歩になるというわけです。もし他者と深いつきあいをすることができないと悩む人がいれば、セラピストは「それは、あなたが自分を受け入れることができないためです」と語りかけますが、それがまさにセラピー的な「イデオロギー」にほかならないと、ベラーは指摘します。

セラピストは、「あるがままの自分を受け入れる」ことを繰り返し強調しますが、これは、個人が自律するのを手助けするためだといいます。セラピーは、家族関係、恋愛関係、仕事関係など、広く人間関係一般に役立つとされますが、アメリカ社会の労働人口のうち、サービス産業に従事する人が増えるにつれ、日増しに仕事における対人関係が重要になってきます。その意味で、セラピーは、およそ仕事一般のモデルになりつつあるといえるでしょう。

セラピーの効用としてしばしば強調されるのが、感情のマネージメントです。つまり、セラピーによって自分を知れば知るほど、自分の感情をより効果的に「処理」できるようになるというわけです。さらには、自分の感情をうまく処理できれば、自己表現も自己主張もより効果的になると、セラピストは説きます。

しかしながら、ベラーにいわせれば、このようなセラピストの「イデオロギー」は、実に過酷なものにほかなりません。人は休む間もなく意識を張りつめ、自己と他者の感情を絶えずチェックしなければならないからです。そして自分の感情や対人関係を、費用と利益の収支バランスという視点から計算し続けなければなりません。いわば、セラピーの文化とは、個人が社会で暮らしていくなかでの困難を、すべて自分の「心」の問題として受け止め、自己コントロールしていくことを求めるものなのです。ある意味で、セラピーの力を借りてでも、〈私〉についてのよりよい理解を獲得し、それを通じて自分と自分のまわりの関係を適切に処理していくことが、現代における一つの個人主義イメージなのでしょう。

「ノー・ロングターム」

しかしながら、このように、すべての個人が絶えず自分をチェックし、その個性やメリットの「報告」を求められる社会には、落とし穴があります。各個人は、あらゆる機会を捉えて自己反省のきっかけとし、自分を環境に適応させていかなければなりません。さもなければ、つねに変化する現代社会を生き残れないと、日々、呪文のようにいわれ続けるからです。自己評価についても、あたかも「時価会計」方式のように、そのときそのときで、自分のパフォーマンスをめぐる収支決算を示す必要があります。

このような社会で見失われがちなのは、長期的な視点です。あるいは、いますぐには結果の出ない、未来においてのみ、その意味がわかるような企てといえるかもしれません。ちなみに、現代社会に適応するために必要な行動や生き方の原則を、「ノー・ロングターム(長期思考はだめ)」と表現したのは、アメリカの社会学者リチャード・セネットです(『それでも新資本主義についていくか——アメリカ型経営と個人の衝突』)。

セネットが、このような「ノー・ロングターム」の社会において危機に瀕するものとしてあげているのが「人格(キャラクター)」です。「人格」とは本来、長い時間をかけて陶冶すべきものです。人間は、その人生の折々でさまざまな変化と出会い、それにあわせて思考や感情の揺れ動きを経験します。にもかかわらず、人はやがて、そのような短期的な揺れ動きを超えた、より長期的な目標、より長続きする思考や感情をもつようになります。またそれに付随して、より持続的な人間関係、それに基づく信頼や共感の関係を形成していくことになります。「人格」とはまさに、このような長期的なかかわりとともに発展していくものであるはずです。

しかしながら、短期的に成果を求められる社会において、いったい「人格」を陶冶していく余裕などあるのでしょうか。長期的な目標の追求や、永続的な社会関係の維持が困難な社会にあって、すべては挿話《エピソード》や断章《フラグメント》の寄せ集めのように見えてきます。そのようななかで、人はどのように自己のアイデンティティを構築していけばいいのでしょうか。

ちなみに、「キャリア」という言葉は、元々馬車道(キャリッジ)から来ているといいます。荷をのせた馬車が日々たどる道筋を表すこの言葉は、やがて人がその生涯をかけて追い求めるべき仕事を指し示すようになりました。しかしながら、「ノー・ロングターム」の社会においては、「キャリア」の意味も変わらざるをえません。今日、キャリア教育という場合、圧倒的に重要なのは進路・就職指導です。より長期的な話をする場合も、「進路を主体的に選択・計画し、その後もより良く適応・進歩できる資質や能力」(文部科学省)と、「激しい社会の変化」に対する、児童や生徒の「選択」と「適応」の能力の向上が強調されます。「キャリア」とは絶えざる選択と適応にほかなりません。一つひとつの仕事についての捉え方もより短期的で個別的にならざるをえないのです。

また、より短期的に結果を出すことを求められる社会において、物質的にも精神的にもさまざまな経験を積み重ねて、人生の「物語」を紡いでいくことは難しくなります。「物語」とは個別の出来事の羅列ではありません。それは時の流れに意味を与え、人生の諸段階におけるさまざまな行為を調和あるものとして描き出すためのものです。しかしながら、現代人にとって、そのような「物語」がはたして可能なのか、疑問といわざるをえません。「物語」に不可欠な人生の時間軸が、絶えざる変化への適応によって細切れになってしまうからです。

本節の冒頭で、ジェームズの「箴言」を紹介しましたが、そこではよき行動はよき習慣を生み、よき習慣はよき人格へと発展していくとされていました。現代において問題なのは、まさに、このような発展がほんとうに可能か、という点にあります。セネットの本の原題はいみじくも『人格の腐食』でした。「ノー・ロングターム」の社会で、「人格」は「腐食」してしまうのではないか。セネットの本を貫くのは、このような危惧にほかなりません。

「待つことができない社会」

同じ事態を、「前のめりの姿勢」あるいは「待つことができない社会」として表現したのが、哲学者の鷲田清一です(『「待つ」ということ』)。鷲田が注目するのは、現代の労働の場において耳にする、「プロジェクト」、「プロフィット」、「プロスペクト」、「プロダクション」、「プログレス」、「プロモーション」など、「前に」を意味する接頭辞の「プロ」に導かれる語の多さです。そこに共通しているのは「前のめりの姿勢」、すなわち、先に先にと目標を設定し、逆にその目標から現在なすべきことを規定するという思考法です。

ビジネスの場において、先を予想し、それに基づいて現在の行動を決定することはあたり前だという人もいるでしょう。しかしながら、鷲田は、この「前のめりの姿勢」が、社会のあらゆる局面において用いられることに不安を覚えます。というのも、この「前のめりの姿勢」において、未来とは、現在という時点で予想される未来に過ぎないからです。本来、未来とは、けっして何が起こるかわからない部分をもっています。その意味で、「絶対的な外部」です。ところが、プロジェクトに見られる「前のめりの姿勢」において、このような「絶対的な外部」は排除されます。すなわち、未来はあらかじめ予想され、予期されるものとして扱われているのです。したがって、接頭辞の「プロ」が意味するのは、実のところ〈待つ〉ことの拒絶だと鷲田はいいます。現在の社会は「待たなくてよい社会」であり「待つことができない」社会だというのです。
若者は携帯電話の返事を待つことができず、メールのチェックに余念がありません。親は子どもの成長を待つことができず、育児や教育の成果を一刻もはやく見たいと願っています。さらにいえば、およそ人は、「自分が本当に望んでいるものは何なのか」、時間をかけて問い続けることができません。成熟することが難しいのが、現代社会です。あらゆる人が、未来に向けて深い前傾姿勢をとり、結果としては自分の目の前の地面しか見ていないのが、私たちの生きている社会であるといえるでしょう。

時間の「溜《た》め」

おそらく、すべての人が絶えず自分を振り返り、反省的に生きることを求められるというのは、ここまで述べてきたような「後期近代」、あるいは「再帰的近代」の宿命なのかもしれません。実際、その代表的な理論家であるアンソニー・ギデンズは、このことをむしろ積極的に捉えるべきだと主張しています(『モダニティと自己アイデンティティ——後期近代における自己と社会』)。
伝統すら自明ではなくなる「後期近代」において、人はあらゆるものを自分で選択することができます。「ライフスタイル」というと表層的な感じがしますが、人は自分がどういう生き方をするのか、結婚するのかしないのか、子どもをつくるのかつくらないのか、何を食べどのように暮らすのか、これらはすべて個人が選択することができるし、また選択すべきことがらになります。そのためには、自分の思考、感情、身体感覚に対する意識を高めることが必要ですが、このことを何ら否定的に捉えるべきではないとギデンズはいいます。

おそらく問題は、このような選択を真に意味あるものとするためには、一定の時間が必要だということでしょう。それもただ単に量としての時間があるということ以上に、時間に「溜め」があること、すなわち、時間に追われるばかりでなく、自分に必要なタイミングを主体的にとれることが大切なはずです。このような「溜め」があってこそ、一人ひとりの個人にとって意味のある選択が可能になります。そのような意味ある選択のないところで、人生の時間軸を構築することなどとうてい不可能でしょう。むしろ、一方的に時間に流されているという、ある種の運命論が頭をもたげてくるはずです。

とはいえ、すでに触れたように、現代社会における人々の時間意識はますます短期的になっています。そのような社会にあって、一人ひとりの個人に時間の「溜め」をもたせる社会的な余裕をいかに生み出せるか。解決は容易ではありません。しかしながら、一人ひとりの個人の人生の「見通し」が立たない社会に希望はありません。少なくとも、細切れになった非連続的な選択の連鎖のなかで、自己コントロールだけを求め続けられるという悪夢だけは、何としても避けなければならないはずです。

第三章　浮遊する〈私〉と政治

1　不満の私事化

まとまらない不安

ここまで見てきたように、平等意識がますます鋭敏化する社会のなかで、新しい個人主義の高まりが見られます。この新しい個人主義においては、「オンリーワン」としての〈私〉の意識がかつてないほど強まりますが、それと同時に、あらゆる未来の不確実性に対し、自分だけの力で立ち向かっていかざるをえないという不安も募ります。このような現代的な状況において、不満や不安はどこに向かっていくのでしょうか。

一人ひとりの個人は、それぞれの生活において、さまざまな不満をもつでしょう。おそらく、そのような不満は、相互にどこか似通っているはずです。仕事について、家族について、健康について、老後について、地域の未来について……。各個人の不満は、統計的に見れば、一定の分類やグループ化が可能なはずです。

しかしながら、そのような不満が結びついて、社会を変えていく力となるかというと、容易ではありません。不満をもっているという点では一致団結できる人々の間でも、何に不満を抱いているのか、どこにその原因があるのかについてさらに突きつめて議論していくと、むしろその違いの方が目立つようになるからです。すでに指摘した現代的な個人化の結果、不平等をはじめとする社会の諸問題は、あたかも個人のパーソナルな問題として現れます。結果として、一般論として眺めている限りは社会的な問題に見えても、さらに話を進めると、どうしても個別的な側面が強く浮かび上がるのです。このことと関連して、すでに「社会学」から「個人史」へという話をしました。

現代のいわゆる「格差社会論」において難しいのは、現代社会において格差が拡大しているといわれれば、たしかに一人ひとり思い当たるものがあるとしても、それではさて、格差を是正するために社会的な力を団結していけるかというと、とたんに方向性が見えなくなってしまうことにあります。このことからも、いかに一人ひとりの個人の不安や不満が、個別化し、断片化しているかがわかります。いわば、現代の不満は私事化され、社会の共通問題として政治の場において焦点化されにくくなっているのです。このことがさらに不安や不満を強めるという悪循環に陥っているといえるでしょう。

うつろいゆく民意

このような現代における平等意識の変容と、その下での新しい個人主義の台頭、そしてその結果として進む不満の私事化の影響が、もっとも顕著に現れているのが政治の領域です。というのも、政治とは本来、人々の不満の声が集まり一つの力となることで、社会変革への道を探るものであるからです。このような変化を、政治を語るにあたってしばしば用いられる「民意」という言葉に注目して検討してみましょう。

選挙のたびごとに、「この投票結果に示された民意は何か」という問いが立てられます。もちろん、一人ひとりの有権者には、それぞれに投票の意図があるでしょう。しかしながら、投票結果を全体として見るならば、個別の意図を超えた何らかの集団的な意図を、事後的にではあれ見いだすことができるはずです。そのような前提が、「民意」という言葉の背景にありましたし、またそのような前提の上に、代議制デモクラシーも成り立ってきました。

しかしながら、今日、そのような「民意」の存在を疑う声は少なくありません。ほんとうに有権者の集団的な意図というようなものがあるのでしょうか。あるとしても、それはあたかも集合的な人格のような、単一の意志なのでしょうか。それはむしろ、はてしなく個別化した一つひとつの意志の、瞬間的な集合にすぎないのかもしれません。二〇〇五年九月の衆議院選挙における小泉純一郎首相率いる自民党の圧勝を受け、中曽根康弘元首相が語った「粘土が砂になった」(朝日新聞九月二九日付)という言葉は、このような思いを率直に表現したものです。ちなみに、中曽根元首相はさらに、「もはや砂は粘土に戻らないね」とも付け加えています。

この問題の微妙さは、現在の日本政治にも大きな影響を及ぼしています。二〇〇五年の衆議院選挙では、郵政民営化を中核とする小泉首相の改革を支持する「民意」が示されたといわれました。が、これに対し、その二年後の二〇〇七年七月の参議院選挙では、小泉改革の結果もたらされた格差の拡大に対して、批判的な声が多数をしめる「民意」となったという評価が広く見られます。もしこのような評価が正しいとすれば、その後長らく日本政治の大問題となる、衆参両議院の「ねじれ」とは、いわば二〇〇五年型の民意と二〇〇七年型民意の、二つの民意のねじれということになります。このねじれは二〇〇九年八月の衆議院選挙で民主党が勝利することでとりあえずは解消されましたが、ある意味で、二〇〇五年型民意、二〇〇七年型民意、そして二〇〇九年型民意の関係については、今後も議論が続くでしょう。

確実なのは、現代のデモクラシーを語るにあたって、多数者の声を素朴に想定することがますます難しくなっていることです。もはやデモクラシーとは単なる多数者支配ではなく、自分らしくありたいと思う、一人ひとりの個人の異なった声と向き合うことなのです。個別化し断片化した声をくみ上げ、そこに共通の地平を築くような、より高度な感度をもったデモクラシーがいま求められています。

二〇〇七年の政治の混迷

とはいえ、この間、より個別化し、「砂」と化した「民意」に対し、政党の側の対応も二転三転し、なかなか安定した政党間の対立軸が形成されなかったことも間違いありません。結果として、郵政選挙のあった二〇〇五年以降、日本政治には独特な脈絡のなさが目立つようになります。その脈絡のなさがピークに達したのが、参議院選挙を前にした〇七年でした。

この年の参議院選挙に向けて、民主党は年頭から生活に密着した政策論を志向し、とくに雇用や労働、子育て、都市と地方などの格差問題を主要な争点にしようとしました。これに対し、自民党はむしろ、九条改正を含む新憲法制定を射程に入れた憲法問題を参院選の主眼に据えることで、これに対抗しようとします。ところが、格差問題は大きな社会的関心の対象となっているにもかかわらず、春先まではなかなか明確な政治的対立軸になりませんでした。他方で、憲法問題をクローズアップしようとする安倍政権の意図も、思いがけない「消えた年金」問題の噴出によって足をすくわれることになります。

この時期の日本政治を見ていて、何より目につくのが、争点の激しい入れ替わりです。一方の側は、格差という身近な実感にもかかわる問題にこだわり、他方の側は、憲法問題という国の根本的枠組みの問い直しを目指すというように、およそ次元を異にする争点が、互いにかみ合うこともなく、そのときどきで推移していったのです。いったい何が真に問われているのか、そのようなとまどいを、有権者が抱いたとしても無理はありません。

たしかに、その後、「小泉政権による新自由主義的な改革の負の遺産が、格差の拡大、地域社会の疲弊となって現れ、これに対する反動が、民主党の支持拡大をもたらした」という説明が急速に「常識」化していきます。しかし、このような説明はさらに検証が必要なものですし、少なくとも、〇七年の参院選前の段階ではけっして自明ではありませんでした。この時点では、何が争点なのか、政党の側にも、有権者の側にも合意はなかったといわざるをえません。

二重の脈絡のなさ

もちろん、各政党が選挙戦を迎えるにあたって、自党にとってもっとも有利な争点を選び、その重要性を強調すること自体は、なんら特別のことではありません。また、他党の弱点をつき、その内部分裂をもたらすような争点をあえて強調することも、珍しいことではありません。

その意味で、争点選択に、各政党にとっての思惑や選挙戦略が垣間見えたとしても、それを直ちに非難するわけにはいかないでしょう。

とはいえ、この時期の日本政治に顕著だったのは、やはり争点の著しい脈絡のなさでした。それも、この脈絡のなさには二重の意味があります。まず、各党の側において、選挙戦の争点を選ぶ際に、自らのこれまでの議論をどれだけ踏まえたのか、疑問がありました。

民主党の側でいえば、格差の是正といっても、社会保障制度の充実を目指す社会民主主義的な志向をもつ議員と、むしろ公共事業や補助金に頼った政策を主導してきた保守系の議員とでは、かなりの意識の違いがあったはずです。しかしながら、社民系議員によって、過去の社会保障政策の総括や、それとの関連における現在の格差問題の位置づけについて、議論が十分になされたようには見えません。対するに、保守系議員においても、伝統的な成長政策や地域振興政策との連続・非連続を問題にしようという明確な問題意識はうかがえませんでした。ましてや、両者の間でつっこんだ議論など期待できなかったというのが実情です。ここに新自由主義的な志向をもつ議員が加わり、同党の目指す方向性がわかりにくい状態が続きました。

自民党の側においても、自主憲法の制定が結党以来の課題であるとはいえ、同党の「新憲法草案」作成時の混乱や、その後の連立与党内でのこの問題についての合意形成への努力の欠如、さらに選挙戦での選挙綱領作成時の拙速ぶりを見ると、十分にそれまでの議論を煮つめたものであるかは、おおいに疑問がありました。むしろ安倍晋三首相の憲法改正に対する個人的な「思い入れ」の突出ぶりが目立ち、自民党や公明党の過去の議論との慎重なすりあわせが欠けているという印象も残りました。

もう一つの脈絡のなさとは——ある意味で、こちらの方がさらに有権者の混乱を生み出しているといえるのですが——両党の側で、自らの争点が、相手側の争点との間でどのような関係にあるのか、なぜ自らの主張する争点が相手側の争点より重要なのか、という点に関して、説得的な議論がなされなかったことです。目についたのは、相手側の争点にできるだけ「知らんふり」を決め込もうとする姿勢でした。

しかしながら、このような両党の姿勢は、一九九四年の選挙制度改革によって衆議院に導入された小選挙区制度が念頭に置いている二大政党の理念に照らしても、のぞましい事態ではありませんでした。というのも、多党化をもたらすとされる比例代表制の下では、たとえば環境なら環境にポイントをしぼり、単一の争点を主張する「シングル・イシュー・パーティー（単一争点政党）」の存在も許容されるでしょう。ところが、小選挙区に主眼を置いた選挙制度の下では、自ずと政党の数は限られます。したがって、主要な政党は多岐にわたる争点について包括的に政策案を提示し、争点間における明確な優先順位をつけることが求められるはずです。

ところが、そのような制度論の前提にもかかわらず、現実の選挙ではむしろ、これとは逆の事態が見られたのです。その典型が二〇〇五年九月の衆議院選挙であり、小泉首相は「他にも重要な争点がある」という野党の声に耳をふさぎ、争点をほとんど「郵政民営化」の一点にしぼって、大勝利をおさめました。いわば小選挙区を中心とする選挙制度下の政権与党によって、「シングル・イシュー」化が進むという皮肉な事態が生じたのです。

二〇〇七年の参議院選挙においても、ここまで述べたような意味での脈絡のなさによって、争点選択の恣意性がことさらに目立つようになります。争点は個別的で、しかもくるくると変わります。ところが、なぜ変わったのか、変わったことの意味は何なのか、さっぱりわからないというわけです。ある意味で、民意の「砂」状化と、政党の側の提示する政策の非脈絡化（＝恣意化）が、同時に進んだといえるのが、この時期の状況といえるでしょう。

政治は格差を語れるか

それでは、格差はなぜ、なかなか有効な政治的対立軸とならなかったのでしょうか。

一つには自民党の側の変化があります。当初、安倍首相率いる自民党政権は、格差の存在それ自体は問題ではなく、格差が固定されるのを防ぎさえすればよいとする「再チャレンジ」政策や、「上げ潮」派が主張するように、成長力の強化による格差是正を訴えました。ところが、そのような自民党もまた、次第に格差是正のための対策に乗り出さざるをえなくなっていきます。結果として、自民党と民主党の違いは相対化されることになります。実際、参院選後に退陣した安倍首相を受けた福田康夫首相、さらには麻生太郎首相によって、そのような政策転換は、はっきりとした態度表明も選挙による洗礼もなしに、なし崩し的に進んでいきました。

他方、民主党においても、すでに指摘したように、社会民主主義的な志向をもつ議員と、保守系の議員、さらに新自由主義的な志向をもつ議員が併存することで、党としての一体感や方向性に欠けるという状態が続きました。しかしながら、二〇〇六年四月に就任した小沢一郎新代表の下、「生活第一」が強調されることで、少しずつ党としてのまとまりが生まれるようになります。この間、従来は都市型の政党と見られがちだった民主党は、格差が拡大し、疲弊の進む地域社会においても一定の地歩を獲得するようになり、同党の保守系議員と社民系の議員の政策距離も近づきました。このような方向性は、二〇〇九年衆議院選挙における社民党や国民新党との連立、新党大地のようなローカル政党との連携へとつながっていきました。

とはいえ、格差問題に対し、政治の反応が敏感だったとはいえません。少なくとも、自民・

民主という二大政党に関していうならば、議論は迷走しがちであり、政策転換が行われるとしても、いかなる中長期的見通しに基づくものなのか、明快さを欠いた印象を否めません。

ここには、現代における深刻な代議制の危機が見られます。社会において不満や不安が募っているにもかかわらず、それが適切に代議制デモクラシーの回路へと接続されていない状況が続くことで、政治に対する絶望やシニシズムが増大する一方で、たまった政治的情念のマグマはその噴出場所を求め、次第に代議制の外部へと向かうからです。

政党の側に問題があることはいうまでもありません。第三節で検討するように、冷戦体制と経済成長を前提に構築されていた日本の政党政治の枠組みは、そのような前提の融解とともに、一種のアイデンティティ・クライシスの状況に陥り、新たな政党対立軸を模索する過程でいたずらに時が流れることになります。そのような状況における小選挙区を中心とする選挙制度の導入は、いわば、政党の対立軸が流動化する時代に、二大政党への動きを制度的に促進することになりました。結果的に、争点の激しい変化にもかかわらず、多様な争点をまとめるような明確な理念的対立軸は現れず、政治の脈絡のなさばかりが目立つようになったのです。

さらに問題を深刻化させたのは、政党の「根の浅さ」です。従来から、日本の政党の組織率の低さがいわれていましたが、自民党についていえば、ピーク時の一九九一年に五〇〇万人を超えた党員が、二〇〇八年には一〇五万人にまで落ち込んでいます。現在も党員減少に歯止めがかかっていません。民主党においては党員・サポーターをあわせても、二〇〇八年五月の段階で二六万人と、圧倒的に少ないのが現状です。その意味で、政党がほんとうに社会におけるさまざまな声を受け止めるための組織的基盤をもっているのかどうか、疑問なしとしません。

ある意味でいえば、元々「根の浅かった」日本の政党が、理念的な対立軸を見失ったまま流動化を続けたのが、この間の日本の政治過程であったといえるでしょう。このような状況において、これまで述べてきたような社会的不満の個別化・断片化が進んだとすれば、現在の状況の深刻さが明らかになるはずです。

アゴラの機能不全

このことに関連して、ここまでもたびたび登場しているジークムント・バウマンは、『政治を求めて（邦訳タイトルは『政治の発見』）』という本のなかで、公的な問題と私的問題との間に適切な架け橋がないことを問題にしています。私的な問題を公的な問題へと置きかえるような、また逆に、私的な問題のなかに公的な問題を識別しその位置を正確に突き止めるような、容易で明白な方法が存在しないかぎり、社会には集団的な無気力が支配するとバウマンはいいます。

ここまでも論じてきたように、現代における社会問題は、あたかも個人的なことがらとして現れますが、これを政治が適切に問題化できない限り、私たちは無力なままです。逆に、不安にさらされつつも政治に絶望した人々は、他の人々とともに立ち上がり、共生するための別の方法をつくりだす余裕も時間もありません。バウマンはいいます。

現代の苦難と苦痛は、断片化され、分散され、ばらばらになっている。しかも、それらが生み出す異議もそうなっている。異議の分散、すなわち、異議を凝縮し、それを共通の大義につなぎとめ、それを共通の元凶にむけることの困難さが、苦痛をより厳しいものにしているにすぎない。現代世界は、必死に出口をもとめながら、自由に浮遊することの不安とフラストレーションに満ち溢れた容器である。人生は、深刻な心配や不吉な予感に満ち溢れていながら、そうした不安や予感は驚くほど凡庸であり、輪郭がぼんやりして、根っこが隠れていて見えてこない。(『政治の発見』、一二三頁)

それでは分断された私的問題と公的問題との間の架け橋を回復するために、いいかえれば、政治を回復するために、どうすればいいのでしょうか。バウマンは、ここで興味深い、領域の三分法を提示しています。古代ギリシアにおいては、ポリス（都市国家）の全構成員にかかわる問題が取り扱われ決定される領域としてのエクレシア（公的領域）と、逆に家事や家政がなされる場所としてのオイコス（私的領域）とが厳密に区分されたといいます。このこと自体はよく知られていることですが、バウマンが強調するのは、その間にもう一つの領域、いわば、「私的／公的領域」としてのアゴラ（広場）が存在したということです。

この領域は公的領域でも私的領域でもないと同時に、公的領域でもあり私的領域でもあります。重要なのは、この領域こそが、いわば公的問題と私的問題のインターフェイス（接触面、共通領域）であるということです。とうぜんこの領域は両義的なものであり、緊張や綱引きも絶えない領域ですが、同時に、対話し、協調し、あるいは妥協する場所でもあります。

要するに、バウマンが重視したのは、いわゆる「公的領域」と「私的領域」そのものだけではなく、両者をつなぐ、純粋に公的とも私的ともいえない、あるいはその両側面をともに含む、中間領域だったのです。その理由は、人々をその私的世界から公的な政治機関へとつなぐ回路であるこの領域が、デモクラシーの、そして政治の活性化にとって死活的な意味をもつと考えたからにほかなりません。

ここまでも述べてきたように、従来、このアゴラの領域にあって、人々を組織化してきたさまざまな中間集団は、いまやその機能を低下させています。グローバル化が進むなか、伝統的な企業、組合、結社などは、いい意味でも悪い意味でも、その構成員を、その内側に閉じ込めておくことができなくなりました。元々、「根の浅かった」日本の政党は、これらの中間集団の弱体化によって、ますます社会との接点が薄弱化し、断片化しています。

もしバウマンがいうように、政治の活性化のためには、公的領域でも私的領域でもない、「私的／公的領域」としてのアゴラが重要であるとすれば、現代日本政治の決定的な課題は、このアゴラとしての領域をいかに再組織化するかにあります。社会における多様な不満を政党へと媒介し、代議制デモクラシーにおける議論を実りあるものにするためには、このアゴラを充実させることが不可欠です。しかしながら、残念ながら、いままでのところ、このアゴラ再活性化のための想像力も実践的な企ても、圧倒的に弱いままとどまっています。このことが、次節で検討する〈私〉のナショナリズムの噴出をもたらしているように思われてなりません。

2 〈私〉のナショナリズム

安倍首相の「思い入れ」

それでは、なぜ安倍首相の掲げた憲法改正の動きは挫折したのでしょうか。すでに指摘したように、二〇〇七年参院選での憲法問題の争点化については、安倍首相の個人的な「思い入れ」の突出が目立ちました。しかしながら、安倍首相のこの「思い入れ」には、奇妙な特徴があったといわざるをえません。すなわち首相の著作『美しい国へ』に特徴的に現れているように、安倍首相は憲法問題に対する自らのコミットメントの理由を説明する際、まず何よりも、自らの祖父岸信介元首相の「無念」をはらしたいという、きわめてパーソナルな理由をあげるのです。つまり首相という公職にある政治家が自らの政治的課題を設定する際に、自分の親族に対する私的な思いを最大の根拠としたのです。ここには独特な〈私〉と〈公〉の無媒介な接合が見られます。教育を通じての「公共心」の涵養を訴える安倍首相であるだけに、この特徴はとくに興味深いといえるでしょう。

思えばこのような特徴は、小泉首相にも見られるものでした。すなわち、小泉首相は、その在任中、靖国神社に参拝して中国や韓国から批判を受けた際、「これは心の問題である」という言葉によって反論を試みました。しかしながら、このような弁明は、いささか奇妙なものであったといえます。なぜなら、問われていたのは、現在の日中・日韓関係の基礎にある、先の戦争についての日本政府の責任者としての見解だったからです。これに対し、小泉首相は「これは心の問題である」と答えました。いわば、一国の政府の責任者がその資格においてとった行動に対する批判に対し、個人の信念の問題として、他のいかなる政治的・法的説明も拒んだに等しいのです。

ここには小泉政治の一つの鍵が見られます。この例にも見られるように、小泉首相の発言の一つの特徴は、自らの個人的な信念や感情と首相としての政治的行為を、ストレートに結びつけるスタイルにありました。政策的争点について、「悲しいね」、「残念ですね」といった個人的感想を、小泉首相はたえずメディアの前で示し続けました。

このようなスタイルは、個人的信念と政治的行為の間にあってしかるべき、さまざまな法的・政治的過程を素通りするものです。しかしながら、従来の政治の営みに対して距離感を感じていた人々のうちには、これを好意的に受け止める層も存在しました。そのような人々は、伝統的な保守政治や官僚支配に対しては激しい拒絶感、嫌悪感を抱いていましたが、小泉首相の展開する政治的行為や発言には、むしろ親しみや共感の念さえ示したのです。彼ら、彼女らは、小泉首相の発言を、従来の政治家による公式的な発言と比べ、自分たちの一人ひとりに向けて語りかけているようにさえ感じるといいました。従来の政治からは疎外されていると感じていた人々の政治的関心をかき立て、投票行動へと動員したことこそ、小泉政治の支持獲得戦略の大きなポイントだったといえるでしょう。

安倍首相の憲法問題へのこだわりにも、似たような側面が見られます。たしかに、そのような安倍首相のスタイルは、小泉首相と比べると、けっして多くの国民の支持を得ることができませんでした。そこに二人の首相の大きな違いが見られるのですが、にもかかわらず、私的な信念や思いを無媒介に自らの政治家としての公的行動の理由づけと直結させるという点においては、両者の間には興味深い類似性が存在します。関連して、安倍首相が繰り返し口にした「私の内閣で」というフレーズも、話題になりました。意識的・無意識的に〈私〉を強調し、それが奇妙にアンバランスな印象を与えたのも、安倍首相の政治の特徴でした（ちなみに、この不自然に〈私〉を強調するスタイルは麻生首相にも見られました）。

格差問題においては、不満が私事化され、公的な問題設定の場になかなか届かないと指摘しました。これに対し、憲法問題においてはむしろ、首相自身によって、私的な信念と公的な課題設定の無媒介な直結ぶりが示されているのです。ここには現代政治を特徴づける、不思議な〈私〉と〈公〉の関係が見て取れます。階級意識をはじめとするような、〈私〉と〈公〉をつなぐ伝統的な回路は弱まっているのですが、逆に法的・政治的過程を媒介とすることなしに、〈私〉と〈公〉をひたすら実感レベルでつなごうとする試みが、成功・失敗はともかく、しばしば試みられているのです。ここに、現代政治を特徴づける〈私〉と政治の実に微妙な関係が、特徴的に示されているといえるでしょう。

〈私〉と〈公〉が一方では切れかかり、他方では直結しているというのは、いったいどういうことなのでしょうか。これらはいずれも、前節で指摘した「私的／公的領域」としてのアゴラの脆弱化の結果であると思われます。このアゴラがうまく機能しないからこそ、〈私〉と〈公〉は切れかかっている一方で、このような媒介を迂回してストレートに〈私〉と〈公〉を結びつけようとする企てが、たえず試みられるのです。このような状況においては、たえず人々の「実感」に訴えかける政治的テクニックがとくに重要になります。このテクニックが政治家にとって重要なのはいつの時代も変わりませんが、〈私〉と〈公〉をつなぐ制度的なパイプがつまりかかっている時代には、このテクニックへの注目はますます高まるばかりですが、そこに危うさがあることも間違いありません。

年金問題における不満の噴出

このように、格差問題がなかなか政治的に争点化せず、あるいは憲法問題こそが参議院選挙の争点になるのかと思われていたときに、急激に浮上したのがいわゆる「消えた年金」問題でした。世論調査などによれば、年金は早くから参院選の重要な争点として、広く国民の間で認識されてきました。にもかかわらず、二〇〇七年五月になるまでは、ここまで大問題化すると予想する人はけっして多くありませんでした。

一つには、年金問題が社会保障制度の根幹にある制度であるとしても、それが制度論として議論される限り、複雑で抽象的なイメージを与えがちであったことを指摘できるでしょう。すなわち、たしかに年金問題は重要ではあるものの、明確な見通しを立てるのが難しい問題として受け止められており、リアリティをもって議論するのがけっして容易ではなかったのです。一方、年金問題を論じるにあたって少子化がしばしば問題とされたように、年金の議論においては、基本的に人口という、人間を数量で扱おうとする視点が強く見られます。その意味で、国民の一人ひとりにとっての未来への展望や希望とは、直接結びつきにくい傾向があったことも否定できません。したがって、ここまで論じてきたように、現代政治を見る際の一つの鍵が〈私〉と政治の微妙な関係にあるとすれば、年金問題は十分に〈私〉の問題として受け止められていなかったのです。

ところが、年金についての議論は、「消えた年金」の噴出によって、急激に選挙戦の焦点に躍り出ます。これはいささか、二〇〇四年の政治家の年金未納問題、すなわち当時の福田康夫官房長官や菅直人民主党代表の辞任という政局をもたらした事件を想起させるものでした。この事件は、年金制度への不信感が個別の政治家の「スキャンダル」と結びつくことで、一気に顕在化したものでした。すなわち、抽象的な制度論がなされている際には焦点化しなかった国民の間の潜在的な不満が、個別的な政治家の人格を媒介にしたとたん、急激に爆発したのです。

「消えた年金」問題についても、社会保険庁におけるずさんな年金記録処理のあり方への怒りと、自らの年金記録の行方に対する不安とが核となって、国民の潜在的な不満に火がついたといえるでしょう。しかも個人の年金記録の不備には、単なる技術上のミスを超えた衝撃がありました。というのも、各個人が、その人生の折々で多様なかたちで加入していた年金記録が、同一の人間のものとして正確に把握されていなかったということは、もっとも客観的とされる公的な社会保障制度上においてすら、個人の自己同一性が確保されていなかったことを意味するからです。いわば、この事件は、個人のアイデンティティをめぐる不安が、年金という公的制度の根幹においてもまったく同じように見られることを、世に明らかにしたのです。年金制度が、各個人の将来設計、いわば未来への展望とかかわっているだけに、問題の深刻さはより大きかったといえます。

「消えた年金」問題は、そのような一人ひとりの個人の将来展望に大きな影を投げかけました。社会保障制度という、未来に向けた国民間の連帯の制度に関して起きたこの事件は、〈私〉と政治の間のずれへの違和感を拡大するとともに、〈私〉の立場からの怒りを喚起することにつながったのです。

ちなみに、この事件の直後においては、「消えた年金」問題が直撃したのは中高年層であり、若年層に対してはそれほどの重要性をもたないという見方もありました。しかしながら、社会保障制度が国民にとっての未来への展望と結びついているものであるだけに、この制度に対する根本的な不信感が、これからこの制度を支えていくことを期待される若年層にとってもった意味はけっして小さくありませんでした。そのとき問われていたのは、この国の社会保障制度、ひいてはあらゆる公的な諸制度の信頼性だったのです。その意味で、この「消えた年金」はきわめて重要な問題であり、これに対する政府自民党の対応の混乱ぶりは、その後に大きな禍根を残すことになりました。

二〇〇七年の混乱が意味したもの

このような二〇〇七年参議院選挙前の混乱ぶりの背景に、いかなる意味を見いだせるでしょうか。一見したところ脈絡がなく、表層的にさえ見えた選挙戦をめぐる争点の推移を超えて、そこで真に問われていたものはいったい何だったのでしょうか。

本書の視座からすれば、それは、〈私〉と政治とを結びつける、新しい回路の模索にほかなりません。前述のように、小泉首相の独特な政治のスタイルは、既存の法的・政治的過程を迂回したところで、個人的信念と政治的行動とを結びつける可能性を暗示するものでした。このスタイルは、既存の回路の機能不全を、意識的あるいは無意識的に認識した上での戦略でした。

しかしながら、そのようなスタイルは法的・政治的な言説と熟慮を着実に積み重ねるものではない以上、「瞬間芸」、「個人芸」以上の意味はもちにくいものでした。また、このようなスタイルが、容易にイメージのマーケティング戦略へと堕してしまいかねないものであることにも、有権者はすぐに気づくことになります。一時期、いわゆる「B層」問題が話題になりましたが、「具体的な政策はよくわからないものの、首相のキャラクターは支持する」とされる人人をターゲットにしたイメージ戦略に対しても、国民の警戒感が高まりつつあります。

さらに、政治を美意識に基づいて語ること(『美しい国へ』!)の危うさについても、はっきりと認識されつつあります。その意味で、安倍首相の憲法改正への企図が、「消えた年金」という美しくない、しかしながら個人の生活と深く結びついた問題によって足をすくわれたということには、それなりに歴史的な意味と必然性のあることであったといえるでしょう。

ただし、参院選そのものについていえば、それが社会保険庁という目に見えやすい存在に対する怒りや、個人的な不安感によって突き動かされていたという事実を否定できません。ある意味で、〈私〉と政治をつなぐ回路が不全を起こしている以上、政治の場において表明され、かつ政治的に動員されうるのは、怒りや不満という情念しかなかったといえます。とはいえ、怒りや不安の政治的動員は、それだけならばけっして長続きしないし、新たな政治的仕組みを打ち立てることもできません。

したがって、本来ならば、この「消えた年金」問題は、一人ひとりの個人がその将来への展望や希望を託するに足る社会制度を構築するための議論へと、発展させられてしかるべきものでした。ところが、この参院選においては、年金問題を契機に、より一般的に、社会保障制度、さらにはこの国の公的制度全般への信頼を回復するための方策が模索されることはありませんでした。そのような課題に対し、十分な議論がなされるどころか、そのための糸口にすら達することのできないまま、以後の日本政治は流動化していったのです。

〈私〉のナショナリズム

ちなみに、既存の法的・政治的な諸制度を迂回して、〈私〉と〈公〉を無媒介に接続するという小泉首相以来の手法は、現在しばしば論じられる、「この私」へのこだわりから突如「愛国心」へと短絡してしまう傾向〈香山リカ『〈私〉の愛国心』、『ぷちナショナリズム症候群――若者たちのニッポン主義』〉と、表裏をなしているものかもしれません。このようなナショナリズムは、かつての愛国主義や国粋主義のもっていた〝こわもて〟とは異質であり、過去からの歴史的経緯や、現在のさまざまな葛藤から切り離された、まったく新しいナショナリズムだと香山はいいます。その特徴は、過剰なまでの〈私〉の内面への志向が、無媒介に愛国心へとつながることにあり、両者は自分の外にあるものへの無関心という点で共通しているというのです。

精神科医である香山は、このような新しいナショナリズムを次のように分析します。すなわち、流動化する現代社会の不確実性や不安定性にさらされた個人は、自らの内側へと向かうと同時に、その生きづらさを、何らかの他者による脅威によるものとみなし、そのような他者を排除する活動に専念しようとします。自分以外の者を少数者、弱者と決めつけて排除することで自己肯定感を得ようとしたり、都合の悪いことを「なかったこと」として記憶から消し去ったりしようとするのが、その典型例です。

関連して、社会学者の小熊英二がいう「〈癒し〉のナショナリズム」も、香山の「〈私〉の愛国心」に近いものなのかもしれません。小熊は、上野陽子との共著『〈癒し〉のナショナリズム

――草の根保守運動の実証研究』のなかで、「新しい歴史教科書をつくる会」の幹部と参加者を分析しています。グローバリゼーションの結果、伝統的なムラ共同体が解体しますが、小熊の見るところ、そこから遊離した個人による「都市型のポピュリズム」こそが、この運動の本質でした。この運動は、それまでの政治運動のように、業界団体や村落共同体、あるいは労働組合や都市上京者の新たな共同体に基礎を置いていません。その意味で、従来の運動とはまったく異質だったことに小熊は注目します。

この運動に見られたのは、ある種の不安や空虚さを抱えながら、束の間の解放感を求めて「「歴史」という居場所」、「「日本」という居場所」に群れつどう「普通の市民」たちの姿です。彼らにとって、経済的停滞などから派生した不定形な不安感は、従来の「政治の言葉」によっては「表現回路」を見いだせないものでした。結果として、自己を表現すべき言葉の体系を身につけていない者、孤立感に悩んでいた者が、ナショナリズム運動に希望を見いだしたと小熊は指摘します。やはり、ここでも欠けているのは、「表現回路」だったのです。従来の「政治の言葉」ではみたされない思いが行き場を失った結果、その瞬間的な結節点となったのがこの運動だったというわけです。

パラノイア・ナショナリズム

このような、〈私〉のナショナリズムは、日本において興味深い展開を示しているとはいえ、世界的に見られる傾向でもあります。レバノンに生まれ、オーストラリアで活躍する文化人類学者のガッサン・ハージは、世界の国々で過去一五年ほどの間に急速に台頭してきた新しいナショナリズムを、「パラノイア・ナショナリズム」と呼んでいます（『希望の分配メカニズム――パラノイア・ナショナリズム批判』）。この「パラノイア・ナショナリズム」を象徴的に示すのが「憂慮すること（worrying）」です。このナショナリズムに冒された人々は、憂慮の思いを隠しません。彼ら、彼女らは、自国とその文化は、脅威にさらされているのではないかと、つねに危惧しています。脅威は外国からの移民であったり、不法難民であったり、犯罪者であったり、同性愛者であったり、外国からの投資であったりとさまざまですが、いずれにせよ、憂慮する人々はあらゆるところに強迫的に脅威を見いだします。

ハージは、自らの暮らすオーストラリアをはじめ、世界の国々で、このような「憂慮する市民」が生み出されているのではないかと問います。それでは、この防衛的でパラノイア的な「憂慮する市民」は、どのようにして生まれてくるのでしょうか。

現代において、これら「憂慮する市民」は、けっして恵まれた境遇にある人々とは限りません。自らの恵まれた境遇を守ろうとして、「外からの脅威」に対し、敏感になるというわけではないのです。彼ら、彼女らは、むしろ新たに周縁化されつつある場合の方が一般的です。都市において不安定職業にとどまる人々、農村部において働いても働いても「何も稼げない」人人、商売のやりくりに四苦八苦する小売業の人々、これらの人々はどこにも希望を見いだせなくなります。しかしながら、これら新たに周縁化された人々は、そのような状態に慣れていませんし、社会から希望の分け前を拒絶されることにも慣れていません。とはいえ、新たに希望を見いだす方法もわかりません。

ハージは、このような人々にとっては、「ナショナル・アイデンティティ」こそが希望のパスポートに見えるといいます。もちろん、このような人々も、本心では、「ネイション」が自分に報いてくれないことに、気づいています。とはいえ、その事実を認めること自体が困難です。現実と格闘することは、むしろトラウマとなるからです。そうだとすれば、彼ら、彼女らは、自分たちが冷遇されているのに、なぜ「ネイション」から「厚遇」されている人々がいるのか、と考えます。なぜ移民のために「われわれの」税金が使われるのか。なぜシングルマザーのために給付がなされるのか。これらの思いが、「憂慮すること」につながるのです。

ある意味で、これらの人々にとって、「憂慮すること」を通じて、はじめて自らの「ネイション」とのかかわりをもつことが可能になるといえるでしょう。「憂慮すること」を通じて得られるのは、自分も包摂されているという感覚、ネイションの一員として数えられているという感覚、そしてネイションを管理しているという感覚です。このような感覚を得るために、人人は憂慮し続けるしかありません。パラノイア（偏執）的にならざるをえないのはそのためです。

その意味でいえば、「憂慮すること」とは、ナルシシスティックな感情であるとハージはいいます。人々は「ネイション」を憂慮することを通じて、実は自分自身について憂慮しているのです。その意味で、ハージのいう「パラノイア・ナショナリズム」もまた、行き場を失った〈私〉の思いが浮遊した結果、生み出された産物にほかならないといえるでしょう。

〈私〉のナショナリズムではなく、デモクラシーを

そうだとすれば、〈私〉のナショナリズムをただ弾劾するだけでは、不十分であることも明らかです。〈私〉のナショナリズムがその推進力を得るのは、行き場のない〈私〉の思いからであり、そのエネルギーは現在では無尽蔵だからです。そのようなエネルギーは「外」にいるとされる脅威ばかりではなく、社会の「内」にいて脅威とされる個人や集団へも向かい、社会における対立や分断を固定化するばかりです。

思えば、この間の政治を動かしたのは公務員バッシング、地方切り捨て論など、社会において不当に「厚遇」されているとされる人々への反発をあおる政治言説でした。さらには「守旧派」、「抵抗勢力」など、人にレッテルを貼ることで、負のイメージを押しつける政治手法でした。これらの言説や手法の最大の問題点はその恣意性にあります。あるとき、若者が批判されたかと思えば、今度は高齢者がその俎上にのせられます。いつ自分がバッシングの対象になるかわかりません。自分がバッシングの対象にならないためには、誰かをバッシングの対象にするしかない、というのは悪夢にほかなりません。

〈私〉の不満や不安を、脅威とされる他者の排除へと結びつけないためには、〈私〉の問題を〈私たち〉の問題へと媒介するデモクラシーの回路を取り戻すしか道はありません。〈私〉のナショナリズムの克服は、デモクラシーによって実現されるべきなのです。

3　政治の時代の政治の貧困

政治における意味の回復

それでは浮遊する〈私〉を再び政治へと結びつけるために、いったい何が必要なのでしょうか。

前節で見たように、法的・政治的過程への不信を前提に、〈私〉と〈公〉とを無媒介に直結させようとする志向が、政治家の側と有権者の側の双方に見られます。しかしながら、このような「バイパス」への欲求の前提に、不満や不安がしかるべく社会に受け止められることなく、行き場を失ってさまよっているという現状がある以上、これを是認するわけにはいきません。

現在の日本において、不満をもちつつも、そのような自分の思いを政治が受け止めてくれるはずがないと、声を上げることすら断念してしまう人の数が増えているとすれば、それは何より危機的なことです。〈私〉の思いと政治とをつなぎとめる回路を取り戻すために、政治家や政党は、自らの主張する争点を有権者に「それは私の問題だ」と思わせるための努力が必要です。それも「バイパス」ではなく、〈私〉の問題を〈私たちの問題〉へとつなぐ、一貫した政治的理念や展望を伴ったかたちでのアピールが求められます。また、有権者の側においても、そこまで議論が深化していくように、政党の側での短期的な世論操作に惑わされることなく、議論の行く末を見届けていかなければなりません。そうなるように政党や政治家にプレッシャーを与えていく必要もあるでしょう。

もちろん、〈私〉と政治の新しい結びつきを回復することとは、なお時間を要する課題です。一回ごとの選挙に期待できることにも限界があるはずです。とはいえ、政党の側で争点を脈絡づける意欲と能力の減退が続き、また有権者の側においても政治からの疎外感が恒常化するようであれば、事態は深刻です。政治の脈絡のなさと行き場のない不満とがコインの表裏となり、それを人々があたり前のものとみなすようになってしまえば、日本社会にとって大きな不幸であることはいうまでもありません。

その意味で、現代の日本政治においてもっとも重要なのは、政治の意味の回復であり、そのような意味を回復するための、政治的な回路の再整備といえるでしょう。それなしに、政治はますますばらばらな争点の羅列となってしまいます。問題は、その後の日本政治が、はたして意味回復の途上にあるのかどうか、ということにあります。

政治の時代の政治の貧困

時代の状況は、政治の活性化をますます急務としています。二〇〇八年、サブプライムローン問題に端を発した経済危機や、日本国内における派遣切りに象徴される雇用問題の深刻化は、市場万能を唱える新自由主義的な「改革」への疑問を増大させました。結果として、政府の役割や公的な規制の必要性についての議論が活性化します。いわば、政治の役割があらためて脚光を浴びることになったのです。

もちろん、その場合に求められている政治とは、単に政府のはたらきを意味するわけではありません。より広く、およそあるべき社会の姿を構想し、そのような方向に向けて、社会の諸資源を適切に配分していくための、公的な意志決定のいとなみ全般をさすものとして捉えるべきです。グローバリズムが進むなか、ますます奔流のように展開する経済の動きから人々の暮らしを守り、経済活動と社会の持続的発展のよりよい調和をはかることがその課題となります。

しかしながら、そのような意味での政治がかつてないほど必要とされる時代において、政治の現状はますます貧困であるといわざるをえません。かつてなく政治の役割が求められる時代にあって、政治はむしろ、社会のなかでももっとも機能不全、あるいは逆機能すら起こしている部門になっているのです。政治は、ある意味で、グローバル社会におけるもっとも脆弱な環なのです。

このような状況に対し、新たな動きが生まれ始めているのもたしかです。二〇〇八年のアメリカ大統領選では、初の黒人大統領となるバラク・オバマが当選しました。ケニア人の父をもつオバマが大統領の座についたのは画期的な事態ですが、これも前任のジョージ・ウォーカー・ブッシュ大統領時代に、激化する左右対立によって政治が硬直化し、状況を打破するための新たな政治的リーダーシップへの期待が高まっていたこと抜きには理解できません。苦難の時代にあえて「希望」を強調し、人種・宗教・地域の和解を訴えたオバマは、そのような期待に応える指導者として選ばれたのです。

日本においても、衆参のねじれの下、安倍・福田・麻生とわずか一年で交代する脆弱な政権が続きました。新たな政治的方向性を打ち出す前に失速する繰り返しのなかで、とりあえず首相の顔だけを替え続ける自民党政権に対し、国民の不満は高まっていきました。二〇〇九年八月の衆議院選挙における民主党の圧勝は、民主党自体への評価もさることながら、自己改革に失敗し迷走を続ける自民党に対して、国民の判断が下ったという側面を否定できません。政治への高まる期待に対して、あまりに無反省さをさらけだした自民党に対し、あえて政権交代によって状況の変化を試みたというのが二〇〇九年型の「民意」といえるでしょう。

ただし、そのような期待を担って政権についた日米の民主党政権ですが、いずれも早い段階から苦境に直面し、いまだ新たな「政治の時代」を切り開くには至っていないことも事実です。つまずきの直接的な原因は日米で異なりますが、十分な政治的推進力を生み出せないままに、目前の状況に振り回されている点が共通しています。おそらく国民の間の政治への期待自体はいまだ失われていないものと思われますが、期待の高さと比べる分、現状への不満も強まっています。このままの状況が続けば、再度政治への絶望感が高まり、ニヒリズムが台頭することさえ予想されます。政治はいまだ機能不全を脱していないのです。

社会保障問題に見られる日本政治の機能不全

ここで、日本政治の機能不全について、社会保障問題を素材に考えてみたいと思います。というのも、社会保障問題は、現在の日本政治において、もっとも注目の集まっている分野であると同時に、日本政治のゆがみをもっとも如実に示す事例でもあるからです。

過去の日本政治を特徴づけてきたのは、社会の多様な利害を自民党という一つの政党の内部において調整し、これを、国対政治を舞台とする他の諸政党との交渉で補完する仕組みでした。その場合、明確な理念の対決を通じて表現されるフォーマルな意志決定や妥協よりも、インフォーマルな、個別的な状況に基づく意志決定や妥協が優先されました。

このことを象徴的に示しているのが社会保障分野です。すでに指摘したように、日本は長く「小さな福祉国家」として知られ、社会保障支出は一貫して小さいままでした。国家による所得再配分を核とする社会保障は、所得の強制的な移転を必然的に伴う以上、それを正当化する理念が不可欠です。これに対し、個別的な産業政策や公共事業においては、政治家や官僚の裁量が大きな役割をはたします。日本政治は、前者よりも後者を優先した政治を行ってきたといえるでしょう。いわば、社会のあり方をめぐる「大きな理想」を語ることを回避し、「こまめな裁量」によって政治を動かしてきたのです。

しかしながら、このように個別的な裁量や妥協を主たる手段として進められてきた日本政治は、平等・不平等をめぐる対立が激化し、社会諸集団間の分断が可視化した今日、特有の困難に逢着しています。財政の悪化により、もはや裁量や妥協のための経済的余裕はありません。ところが、これまで異質な利害間の対立を明確に位置づけることがなく、個別的な妥協を繰り返してきた結果、限られた資源をどのように社会的に再配分するかについて、明確な方針を打ち立てられないのです。個別的な妥協によっては乗り越えられない社会の分断と向き合うためには、あるべき社会をめぐる理念的な言葉が重要ですが、これまで「なし崩し性」を特徴としてきた日本政治には、そのような言葉が欠けているのです。

選挙を繰り返すものの、いまだ明確な理念的対立軸が打ち立てられていないのは、その「なし崩し性」の後遺症であるといえます。その意味で、過去数年来、年金、後期高齢者、介護保険といった社会保障分野で問題が噴出し、政治の機能不全をあらわにしているのは、けっして偶然ではありません。それらはまさに、日本政治の脆弱性を象徴的に示した事例だったのです。

ちなみに、第一章で触れた北海道大学による『「日本人が望む社会経済システム」に関する世論調査』によれば、「日本のあるべき社会像」として実に六割もの回答者が、北欧型の「福祉重視の社会」を選択しています。一方、かつての日本のような「終身雇用重視の社会」は約三割、そしてアメリカのような「競争・効率重視の社会」は七％に満たなかったという結果が出ています。

この調査を見る限り、現在の日本人が希望する社会の姿は、かなりはっきりしているといえるでしょう。しかしながら、そのような社会を実現するための道筋については悩ましい数字が出ています。すなわち、すでに言及したように、社会保障の財源として消費税率の引き上げを「やむを得ない」と答えた人は、一七・五％と少数派にとどまったのです。もっとも多かったのは、「国民負担以外の方法」でした。

この結果をどのように解釈すべきでしょうか。社会保障の充実は求めるが、その財源となる税負担はいやがるという矛盾した態度と理解することも、あるいは可能かもしれません。しかしながら、この結果はむしろ、社会保障の充実を求めつつ、あえてその税負担を引き受けるには、あまりにも行政不信が強いと捉えるべきではないでしょうか。実際、「改善すべき日本型制度」として、「公的な社会保障を強化すること」についで多かったのが、「官僚の力を弱めること」でした。

この調査結果が悩ましいのは、日本人の多くが潜在的には望んでいる社会像があるにもかかわらず、行政不信や、あるいは国民相互の不信により、それを実現するための道筋を見つけられないでいることが如実に示されているからです。望んでいるにもかかわらず、実現に向けての第一歩を踏み出せない、あるいはむしろ、その第一歩をどの方向に向けて踏み出すか迷い続けているということが、はっきりと示されているからです。このことが、まさに政治の責任であることはいうまでもありません。日本社会は自らの進路について、意志決定不能な状態に置かれているのです。

ちなみにこの調査が行われたのは二〇〇七年ですが、政権交代が実現した今日、状況がどれほど変わったかは疑問です。かつて自民党政権下では、増税による財政再建か、あるいは景気回復の優先かが議論されましたが、このような議論は、いわば手段レベルのものであり、どのような社会を目指すのかという目的をめぐる議論が不在な点にこそ問題がありました。これに対し現在、民主党政権下における「事業仕分け」が話題となっていますが、そのような「仕分け」を何のためにやっているのか、すなわち「無駄」な支出を削減することで得られた分を何に使い、それを通じていかなる社会をつくっていくのかという点については、いまだ議論が活発とはいえません。

現在の困難を乗り越えるために、いかなる見通しをもち、そのために何を耐えなければならないのか。あるべき社会の姿を、説得力をもって語る言葉なしに、政治の力が回復することはありえません。あるべき社会像を積極的に示すことなしに、必要な負担を国民に求めることもできません。現在の政治の停滞は、このような課題を政治が担えずにいること、あるいはこのような課題の前で、政治が立ちすくんでいることにあるといえるでしょう。

政策対立軸の不在

とはいうものの、あるべき社会の姿を政治が明確に示せずにいるというのは、残念ながら、昨今に始まった現象ではありません。政治学者の大嶽秀夫は、一九九九年の段階においてすでに、戦後数十年にわたって続いてきた政策対立軸が、冷戦の終焉と政界再編のなかで消滅したにもかかわらず、それに代わるべき対立軸が不在のままであると総括しています(『日本政治の対立軸――93年以降の政界再編の中で』)。五五年体制において日本政治の基本的対立軸になったのは安全保障・防衛問題でした。すなわち日米安全保障条約と自衛隊に対する態度こそが、政党の保革対立の基本的な枠組みを形成したのであり、これと比べると、経済政策は保革を分ける争点ではなかったと大嶽は指摘します。革新政党と保守政党はともに福祉の充実を掲げ、この点についていえば、対立は存在しませんでした。

一九九〇年代に本格化した政界再編は、このような伝統的な保革対立に代わる、新たな対立軸の可能性を予感させました。すなわち、新自由主義的な傾向を強くもった新政党の出現は、経済的分配の問題を軸とした新たな政党再編を予感させたのです。しかしながら、新しい選挙制度の下で行われた最初の選挙である一九九六年総選挙においては、自民党が過半数に近い議席を獲得し、民主党の支持率は低迷し、新進党からもさみだれ的に離党者が出るようになります。以後の日本政治は、自民党内部の自社さ派（自民党・社会党・新党さきがけの連立を重視する勢力）と保保派（自民党と自由党の連携を模索する勢力）の対立を軸として展開されるようになります。結果として、日本政治は再び、集団的自衛権や日米防衛協定をめぐる防衛・安保問題を最大の争点とするようになりました。経済的分配はやはり、新しい政策対立軸として政党政治の次元にならなかったというのが、九〇年代末の時点での大嶽の結論です。

西ヨーロッパ諸国やアメリカでは八〇年代から新自由主義を導入して経済の立て直しをはかる試みがなされ、やがてその負の側面が顕在化すると、新自由主義の見直しと社会民主主義の再生が見られるようになります。これと比較するならば、日本の場合、新自由主義に基づく改革が本格的に導入されることはありませんでした。それほどに日本の社会経済構造に埋め込まれた擬似社会民主主義は強力だったのです。ここまでも論じてきたように、「仕切られた生活保障」の下、公共事業や補助金による自民党政治は、経済成長とあいまって日本における一定の平等化機能、いわば擬似社会民主主義の機能をはたしました。結果として、新自由主義に対抗する議論も明確なかたちをとることがありませんでした。新自由主義に対する正当な批判と、これまでの既得権益を守ろうとする勢力はしばしば一体化し、両者を明確に区別することは困難だったのです。

政権交代へ

その意味からすれば、小泉首相の登場は、ようやく日本においても明確な新自由主義政権が実現したものとして理解することができます。ある意味でいえば、日本において擬似社会民主主義の機能をはたし、不平等を一定の範囲内に押さえてきた社会経済構造が最終的な崩壊過程に入ったことによって、小泉政権も可能になったといえるでしょう。とはいえ、すでに指摘したように、安倍政権以後、自民党政権はなし崩し的に政策変更を行いました。結果として、二〇〇九年の総選挙を前に、日本政治は独特な不透明性の下に置かれることになったのです。

この時点で、日本政治にはいくつかの方向性がありました。第一は小泉改革の続行でした。

つまり、郵政民営化に象徴される新自由主義の方向性であり、この立場からは、現状はさらなる改革の進展によってこそ乗り越えられるべきということになります。しかしながら、この方向性は、一部に期待があったような小泉元首相の「復活」がなかったことにも示されているように、もはや多くの支持を集めることができませんでした。何よりも、不況克服や格差是正について、新たな展望を開けないのが致命的だったといえるでしょう。

第二は小泉改革の否定、もしくはそこからの軌道修正でした。この場合、否定もしくは修正を自民党自ら行うというのが、一つの選択肢となりえました。小泉改革の負の遺産について批判が高まるなか、自民党内からは「自民党は本来、新自由主義的な政党ではなかった」として、新自由主義的な路線との決別を目指す動きがあったことは事実です。しかしながら、この方向性についても、麻生首相の「実は(郵政民営化に)反対だった」発言への激しい反発が示しているように、批判が小さくありませんでした。何よりも、まさに郵政民営化の担当大臣であり、郵政選挙で獲得した衆院議席を背景に政権についた首相が、選挙を経ることなく、総括なしの政策変更を行うことには強い違和感がありました。

第三の選択肢は、小泉改革の否定もしくは修正を、政権交代によって実現するというものでした。大きな政策変更を政権交代によって実現することは、民主政治にとってもっとも正統的ですが、この場合、いかなる政策的方向性が新たに示されるかが問題になります。

新たな政権の受け皿として想定された民主党は、すでに指摘したように、社民系から新自由主義に親和的なグループまで、幅広い政策的志向をもつ議員たちによって構成されていました。このような多様な志向をもつ諸グループは、やがて民主党代表になった小沢一郎の下、反小泉改革と生活防衛の立場で次第に結集していきました。小沢代表が西松事件で辞任を余儀なくされたものの、「友愛」理念を掲げる鳩山新代表を選んだ民主党は、〇九年総選挙で勝利、政権交代を実現したわけです。

この間、有権者の思いは揺らぎ続けたはずです。しかしながら、次第に政権交代による政策変更へと舵を切る決意をするに至ります。「砂状化する民意」という話をしましたが、少なくとも、政権を交代させることで政治的停滞を打破しようという、はっきりとした意志を示したわけです。とはいえ、政権発足後、新たな民主党政権は、いまだ日本社会のあるべき像を明確にできないままにいます。その意味で、一五年以上にわたる明確な政策対立軸の不在は、けっして過去のものとはなっていません。この不在を克服することなしに、日本政治の復活までなお道のりは遠いといわざるをえません。

政治の矮小化を超えて

グローバル化という新たな平等化の波が押し寄せ、平等・不平等の問題が噴出する現代において、政治のはたすべき役割がいよいよ大きいことは間違いありません。これまで声をあげなかった人々が自らの存在を主張し、異議申し立てを行う時代にあって、政治に求められるのは、柔軟かつ民主的にこれらの主張に向き合い、新たな正当性の理念を提示することで、幅広い連合を形成することです。

しかしながら、現実の政治はグローバリズムの波に翻弄されるばかりで、このような期待に十分に応えてはいません。平等・不平等をめぐる対立が激化するなか、政治は柔軟かつ機動的に対応することができず、端的に決定不能に陥り、漂流を続けています。

現代における政治の貧困をもたらしているものは、新たなる平等化の波によって、政治的に声をあげる人が増え、政治的なアクターが増えるなか、共通の理念的土台の不在が露呈していることによります。新たな民主政治の指導者に求められるのは多様な声に対する柔軟な対応力であり、コミュニケーション力です。いいかえれば、正当性の理念の提示を通じて、調停者、媒介者としての役割をはたすことが、政治の新たな使命なのです。

このような意味における調停者、媒介者を欠いた日本政治において、噴出する不満は、「改革」と「抵抗勢力」、「勝ち組」と「負け組」、あるいは「団塊の世代」と「ロスト・ジェネレーション」といった、一見わかりやすいが、なんら新しい対話の可能性を生むことのない不毛な擬似対立の回路に流れ込んでいます。

新たな声を受け止めたうえで、新たな社会像を明確に提示すること。これなしに、政治の貧困からの脱却はありえません。いまだ、そのような責務を担うにふさわしい、新たな民主政治の担い手が明確な姿を現すには至っていませんが、二〇〇八年末に日比谷公園に集まった「年越し派遣村」のような、新たな動きも見られます。年越しすら困難な失業者のために緊急避難場所として始まったこの動きは、失業者をめぐる状況の厳しさを広く社会的に認知させ、新たな制度的対応をめぐるさまざまな政治的議論をまきおこしました。〈私〉の問題を再度〈公〉へとつなぐ新たな政治的回路の像が、そこに垣間見えたと評価することも可能でしょう。今後のさらなる可能性の模索が期待されます。そのような試みの蓄積の上にはじめて、明確な政策的対抗軸を伴った政党政治の再活性化が実現されるのではないでしょうか。

第四章　〈私〉時代のデモクラシー

1　社会的希望の回復

見えない社会

以前に、「社会って何ですか」という質問を受けたことがあります。あまりにストレートな質問に、一瞬、何と答えるべきか迷ったことを覚えています。もちろん、その方も「社会」という言葉を、これまで一度も聞いたことがないということはありえません。とはいえ、その方にいわせれば、「自分の身の回りの人間関係というのはわかる、しかし、社会というと、結局のところ何なのかわからなくなってしまう」というのが実感のようでした。たしかにジャーナリズムや学問の場でこそ「社会」という言葉はあたり前のように使われていますが、日常生活において「社会」がリアリティのある言葉かといわれると、急にあやしくなってきます。

もちろん、「社会」という概念について、その歴史的説明をすることは可能です。この言葉は元々、ラテン語の「ソキエタス・キウィリス」に由来するものです。少しややこしいのですが、この言葉自体いわば翻訳語で、古代ギリシア語の「ポリティケ・コイノニア」、すなわち

「ポリス的共同体」をラテン語に置きかえたものです。古代ギリシアにおいて発展した都市国家をポリスといいますが、多様な共同体のうち、とくにポリスという政治共同体を指し示すものとして、この言葉が用いられました。古代地中海ではギリシア語こそ政治や学術の先進言語であり、後発のラテン語(ローマ帝国の言葉です)はそれを翻訳したわけです。

興味深いことに、ラテン語の「ソキエタス・キウィリス」は現代英語でいえば「シヴィル・ソサエティ」、元々のギリシア語の「ポリティケ・コイノニア」は「ポリティカル・コミュニティ」であり、今日ではかなり違った意味において用いられていますが、元々は同じものを意味しました。どちらもほぼ「国家」と同義語だったわけです(もっとも、古代地中海でいう「国家」も、現代語にいう「国家」とはかなり違うのですが)。

近代西欧語の歴史で重要なのは、元々は国家とほぼ同じものを意味した「シヴィル・ソサエティ」が、次第に国家とは区別されるものとして使用されるようになったことです。とくに一八世紀になると、経済活動の活発化とともに市場の国家からの自立がいわれるようになりました。アダム・スミスらの活躍したスコットランドでは、この市場によって生み出される秩序を「シヴィル・ソサエティ(市民社会)」と呼ぶようになり、これを受けてドイツのヘーゲルも「ビュルガーリッヒ・ゲゼルシャフト(市民社会)」とは「欲望の体系」であるとして、国家と明確に区別して使用しています。一九世紀になるとより一般的に「社会」と呼ぶようになり、「社会学」、「社会主義」、「社会科学」などが新たに誕生しました。今日、私たちが使っている意味での「社会」という言葉の用法は、ようやくこのあたりで定まったというわけです。

とはいえ、明治の日本ではこの「ソサエティ」という言葉を何と訳すべきか、かなり頭を痛めました。最終的に「社会」という訳語が確立する前には、「人間交際《じんかんこうさい》」（福沢諭吉）という訳語も用いられました。国家による垂直的な統合とは異なる、人と人との間の水平的な交わりによって形成される関係性というニュアンスをよく捉えた訳語だと思うのですが、定着しませんでした。

しかしながら、おそらく質問して下さった方にこのような解説をしても満足してもらえなかったと思います。というのも、その方が聞きたかったのは、このような歴史的用法の説明ではなく、「どうも社会といわれてもピンとこないが、この言葉はほんとうのところ何を意味しているのだろうか」ということだったはずだからです。たとえば、現在、「社会の危機」や「社会の喪失」といったことが、しばしばいわれます。そうだとすれば、「社会」とは脅かされたり、失われたりするもののようです。しかし、「社会」が「失われる」とはいったい何を意味するのでしょうか。

逆に、かつてイギリスのサッチャー首相は、「社会など存在しない」と断言して話題になりました。おそらく彼女の念頭にあったのは、彼女と敵対した労働組合や労働党などのいわゆる「社会民主主義」勢力や、彼女が大胆な削減を進めた「社会福祉」や「社会保障」、さらにはいわゆる「社会国家（福祉国家）」だったはずです。サッチャーはこのような勢力と敵対するにあたって、あるのは国家と個人と家族だけで、それ以外に「社会」などは存在しない、市場があればそれで十分だといい切ったわけです。しかしながら、逆にいえば、西欧ではそこまで敵視するほど「社会」の理念や存在がはっきりしているということでもあり、日本にいる私たちにとって、いずれにせよ「社会」とはぼんやりしたものなのかもしれません。

ピーター・ドラッカーの「社会」

ここでなぜ社会の話をするかといえば、前章で検討したことからもわかるように、グローバルな平等化時代のもっとも弱い環は政治であり、この政治の機能を回復させるためには、狭義の政治だけを考えるだけでは不十分と思われるからです。〈私〉時代のデモクラシーを構想するにあたっては、何よりもまず社会という――いざその意味を真剣に考えようとするととまどってしまう――この不思議な存在からスタートしてみたいと思います。

ここで、ちょっと意外な人物に注目してみましょう。それはピーター・ドラッカーです。ここまでの議論からも明らかなように、現在、「社会」という言葉を強調する人というと、社会保障やそのための社会的連帯を重視する、どちらかといえば市場主導の社会のあり方に批判的な、社会民主主義的な思考の持ち主を想像しがちです。しかしながら、ここで登場してもらうドラッカーといえば、経営学の専門家であり、マネジメント論で知られる人物です。思想的にもバークらの保守主義との親近性を隠さないドラッカーですから、社会民主主義とは距離があります。その意味で、もしドラッカーが「社会」というものを、独特な思いを込めて強調しているとすれば、少々意外な感があるかもしれません。

しかしながら、実のところ、ドラッカーは「社会」をきわめて重視しているのです。彼の若き日の著作であり、出世作として知られるのが『産業人の未来』(一九四二年)です。ドラッカーはこの著作のなかで、生物にとって呼吸するための空気が必要なように、人間には社会が必要だと指摘します。ただし、あえて彼は強調するのですが、人間に社会が必要だといっても、人が必ずしも社会を手にしているとはかぎりません。パニックに陥ってバラバラになった人々を社会とは呼ばないからです。社会には、価値、規律、正当な権力、組織がなければなりません。

それでは社会とは何でしょうか。正確な定義は難しいというドラッカーですが、機能面からいえば、社会とは、一人ひとりの人間に対して「位置」と「役割」を与え、社会としての基本的枠組み、目的と意味を規定するものだとします。逆にいえば、自らに社会的な位置と役割を与えてくれないならば、一人ひとりの人間にとって、社会は存在しないも同然です。自分の位置と役割をもたない人々にとって、社会は不合理にみち、計算できない、とらえどころのない存在になるでしょう。

もちろん、そのような位置や役割は固定的なものであるとはかぎりません。むしろ、位置や役割が固定的であるか、柔軟であるか、あるいは流動的であるかをめぐって、多様な社会が存在します。しかしながら肝心なのは、そのいずれであるにせよ、ともかくも社会が明確に、各個人に位置と役割を与えていることだとドラッカーは主張します。そのことによってはじめて社会は「機能している」ことになるのです。このような意味で、「現代において機能する社会とは何か」という視点から、ドラッカーは産業社会の考察を進めていきます。

そして、それから六〇年後(二〇〇二年)に書いた著作の日本語版序文において、ドラッカーは再度「大事なのは社会だ」と強調しています(『ネクスト・ソサエティ――歴史が見たことのない未来がはじまる』)。それもあえて経済と比較した上で、「日本にとって最大の問題は経済ではなく、社会だ」というのです。ドラッカーの念頭にあるのは、まず何よりも、製造業における雇用の安定に社会の基盤を置いてきた日本が、いかに製造業の地位の変化と雇用の流動化という世界的潮流と向き合うかという問題です。とはいえ、彼の問いはそこにとどまりません。日本社会における新たな優先順位、社会不安を乗り越えるための新たな社会契約へと、彼の議論は展開していきます。

ドラッカーの見るところ、これまでそこに暮らす諸個人にしかるべき位置と役割を与えることに成功してきた日本社会は、九〇年代以降、急速にその能力を失い、社会という存在の自明性も失われつつあります。結果として、諸個人にとっての不安が急速に高まっているのですが、この危機を乗り越えるためには新たな「機能する社会」が不可欠だと彼はいいます。経営学者であるドラッカーの言葉であるだけに、重い言葉といえるでしょう。

「人生の意味を創出するメカニズム」としての社会

関連して、社会とはまず何よりも、「人生の意味を創出するメカニズム」であると主張するフランスの社会学者ピエール・ブルデューの議論を見ておきたいと思います。

ブルデューというと、いわゆる「文化資本」の世代的継承による階級構造の再生産について研究した社会学者、というイメージがあります。裕福で高学歴な親の子は、単に経済的な意味で進学に有利なだけではなく、社会的に正統とされる文化、教養、習慣を親から継承することで、やはり高い地位につく傾向にあるというわけです。このことを実証的に示した彼の研究は、大きな反響を呼びました。しかしながら、ブルデューの晩年の著作といっていい『パスカル的省察』は、一七世紀フランスの数学者にして思想家であったパスカルに導かれた、高度に抽象的な思索にみちた理論書です。

パスカルを論じることでブルデューは、考察を進めていきます。いうまでもなく、人間は死すべき存在です。しかし、ただ死すべき存在であるだけでなく、自らが死すべき存在であることを知っている存在でもあります。とはいえ、自分が死ぬという考えは人間にとってたえがたいものです。したがって、その終わりを死で定められている人間は、正当化や承認の欲求に取り憑かれます。その意味で、人生とは生きることの正当化の探求の過程にほかなりません。

この探求において、「世界」あるいは「社会」は、神を頼りにすることに代わりうる唯一の審級です。すなわち、かつて人間に生きることの意味を示してきたのが神だったとすれば、神なき時代においてこの役割をはたしうるのは、世界や社会しかないというのです。パスカルは「神なき人間」の悲惨さを論じましたが、ブルデューはある意味で、社会的存在理由なき人間の悲惨さについて考えようとしました。ブルデューにいわせれば、人間が自らの生を意味あるもの、価値あるものとする上で社会がもつ権力は、ほとんど神に等しいものがあります。

それでは、人間にとってなぜ社会がそれほどの権力をもつのでしょうか。それは、社会がもっとも希少なもの、すなわち、承認、敬意といった人間の存在理由を与えてくれるからです。本来、人の生存には必然性はありません。その意味で、生存には無意味と偶然性がつきまといますが、そこから脱却するために、人は自らが目的に向かっているという感覚、ある社会的使命を託されているという感覚を求めます。

その際、他者に必要とされているという感覚、あるいは他者の関心の対象となっているという感覚、さらには誰かが自分を待っているという感覚こそが、自らの重要性を実感する上でもっとも有効です。しかしながら、すべての配分のなかで、もっとも不均等で、もっとも残酷なのは、この社会的重要性と生きる意味の配分にほかなりません。社会的に承認された存在へのアクセスを奪われることほど、悲惨な剝奪はないのです。

人が自らの属する世界に関心をもつのは、その世界に意味と方向性があり、自らもまた過去からの経験によって、その世界のゲームに参加しているという感覚をもつことができるときです。そのようなゲームにおいて、未来を先取りし、願望とチャンスを自分なりにコントロールする力をもってはじめて、人は時間感覚をもつことができます。

しかしながら、このようなチャンスがある一定水準を下回るようになると、人は未来に対する感覚を失うとブルデューはいいます。彼は、荒廃したフランス大都市郊外の団地での聞き取りから、無力さが可能性を消滅させ、むしろ無力さゆえに、人々をまったく実現可能性のない幻想へと追い込んでいると指摘します。彼らにとって未来と現在は絆が切断されているのであり、現在の自分の生活と行動を方向づけるための客観的世界とのつながりが失われているのです。そうだとすれば、彼らには、残された、意味の抜き取られた時間を生きるしか道はありません。

「希望の分配のメカニズム」としての社会

このようなブルデューの議論は、社会の人間に対する意味を根源的に再考させるものです。とくに、社会が個人に承認という希少な財を配分するものであること、そしてそのことによって、人々の未来への時間感覚や希望に強い影響を及ぼすものであるという指摘は、きわめて示唆的といえるでしょう。このようなブルデューの示唆をさらに発展させたのが、すでに第三章でも言及したオーストラリアの人類学者、ガッサン・ハージです。ハージは人間を「希望する主体」として捉え、社会を希望と社会的機会を生み出し、分配するメカニズムとして考えます。

ちなみに、ドイツの哲学者エルンスト・ブロッホは希望を「まだ－ない」ものとして規定することで、人間が本質的に未来によって規定されていることを強調しています。つまり、希望とは、まだ生まれていない未来への私たちのかかわり方にほかならないのです。しかしながら、希望はしばしば「宗教的希望」の変種とみなされ、希望をネガティブに捉える哲学者たちによって、人々を社会的現実から切り離すものとして捉えられてきました。すなわちそのような希望にとらわれた人々は、天国への扉が開くことを待って、現実の変革に対しては受動的な態度をとる傾向があるというのです。しかしながら、ブロッホの希望論を受けて、ハージはむしろ「生きるための希望」、すなわち人々を社会的現実へと向かわせるような希望を考えようとします。また、そのために、現実においていかに社会的希望が不均等に配分されているかについて、分析を加えるべきだと主張するのです。

ハージにとって、希望とは、有意義な未来をつくりだす方法であり、そうした未来は社会の内部においてのみ可能です。なぜなら、ブルデューのいうように、社会とは自己実現のための機会を分配する担い手であるからです。社会とは社会的希望を分配する担い手であり、個人が自分の生活を意味づけるのは、社会という経路を通じてのみ可能になります。ハージの見るところ、ブルデュー人類学の核心にあるのは、人々は生存の受動的な受け手ではない、という考えです。そこにあるのは、宗教思想が示すのとは異なり、有意義な人生とは、社会に先立ってすでに決定されたものではないという信念です。社会を通じてのみ、人間は自らの人生に意味をもたせることができるのであり、その意味で、「まともな」社会の核心にあるのは、何よりも、こうした自己実現の機会を分配する社会の能力なのだとハージは主張します。

グローバル化の時代において、国家主権やナショナル・アイデンティティが危機にさらされていると、しばしばいわれます。しかしながら、ハージにいわせれば、私たちの生活の質をもっとも圧迫しているのは、主権やアイデンティティの衰退ではなく、むしろ社会の衰退です。この点に関して、ハージは興味深い比喩を用いて説明します。すなわち、グローバル化時代において、国家は「美観の管理人」になっているというのです。

国境を越えて展開するグローバル企業は、かつての多国籍企業とは違い、もはや地球上のどこにも拠点をもちません。あらゆる拠点は一時的であり、企業はより好都合な土地や投資を求めて、地球上を浮遊します。そのような企業や投資を呼び寄せるため、国家はたえざる努力を求められます。自国がより魅力的な投資先であることをアピールするグローバル化時代の国家は、自国をなるべく美しく見せようとする、その意味で「美観の管理人」なのです。しかしながら、「美観の管理人」にとって大切なのは、その空間のイメージであって、そこに暮らす人人ではありません。

かつて国家は国民社会の管理者であることを自らのつとめとしました。国民としての平等性を少なくとも最低限は維持する必要のあった国家は、その構成員を援助し、希望を分配することに関与せざるをえませんでした。しかしながら、グローバル企業は国家を必要としますが、国民は必要としません。「美観の管理人」である国家はもはや社会に介入し、そこに希望を分配しようという意欲をもたなくなっています。国家は慢性的失業をはじめとする社会的死を放置するどころか、むしろ積極的に生産するようにさえなっていると、ハージは論じます。国家はもはや「希望の分配のメカニズム」である社会に介入しようとはせず、衰退にまかせているというわけです。

このようなハージの主張を極端に思われる方もいるでしょう。国民のいない国家などありえず、国家は依然として国民を必要としている、と。たしかに国家は自らの国力の基礎となるような人的資源には強いこだわりをもち続けるでしょう。しかしながら、国際的な競争に役立たないと判断した人々の希望についてまで、十分な配慮をすることへの動機を依然としてもっているかについては、疑問といわざるをえません。とくにデモクラシーの機能が低下した場合、国家は社会を放置し、衰退にまかせるというハージの警告は急激にリアリティをもってきます。

国家と社会

ここで国家の話が出てきたので、本章の冒頭で指摘した国家と社会の話に、もう一度戻りたいと思います。すでに指摘したように、国家と社会とは本来、言葉としても区別しがたいものでした。ある意味で、近代西欧の歴史の特徴の一つは、元々区別しがたい両者をあえて区別したことにあります。この区別をもっとも先鋭的に主張したのが、いわゆる「夜警国家」論です。この発想において、社会は、国家の力を借りなくとも自律する能力をもつとされます。国家による上からの命令や強制がなくても、人々が自主的に協働することで、社会は自ずと運営されていくというのです。そうだとすれば、国家に残されたのは警察や防衛など限られた業務だけで、それもいわば社会が休んでいる夜のうちに、目につかないように行われるべきとされます。

このような考え方の根源にあるのは、国家を暴力や強制力の契機として捉え、対するに社会といえば、諸個人による自由な活動によって維持される、非強制的な領域とする発想です。また、国家の役割を限定することで、はじめて社会の自由度も高まるとする発想でもあります。

しかしながら、現実の歴史を見れば、社会が国家によって維持されてきたという側面も否定しがたいところです。近代において、初等教育にはじまる教育を国民に普及させてきたのも国家なら、社会保障制度によって人々の生活を支えたのも国家です。たしかに諸個人の自由な活動は国家権力の制限によって実現しましたが、他方において、国家の力を借りてはじめて可能になった自由な活動もあります。その意味で、国家と社会を単純に強制／非強制として位置づけるのは一面的な捉え方です。

そうだとすれば、このように、実際にはそれほどはっきり分離させられない国家と社会を、あえて区別してきたのはなぜでしょうか。現代の多くの政治理論家や政治哲学者は、実際には分離できないものをあえて区別してきたことそれ自体に意味があるのだといいます。たとえば、国家による暴力や強制力の独占です。実際にはもちろん暴力団をはじめとして、社会の内部にも暴力は存在します。しかしながら、国家による暴力の独占という建前があってこそ、社会の内部における私的暴力を不当なものとして処罰することも可能になりました。

同様に、思想・信条についても、それをもつことができるのは個人だけであり、国家は自らの思想・信条をもたず、諸個人の多様な思想・信条に対して中立的でなければならないとされます。これによってはじめて、異なる思想・信条をもつ人々が同一の国家の下で共存することが可能になるからです。もちろん、国家があらゆる価値に対して中立的でいられるか、ということも含めて、これらの区別にはもちろん多かれ少なかれフィクションが含まれています。とはいえ、あえてそのフィクションを原理とすることで、近代社会が自らをよりよく律することが可能になったことも否定できません。

フランスの政治哲学者ピエール・マナンは、近代デモクラシーは、自らの内部にいくつもの分離を作為的に構築し、それを組織化することで可能になったといいます。彼はこれを「分離の組織化」と呼ぶのですが、政教分離、権力分立、政党制、分業をはじめ、さまざまな「分離」によって、近代デモクラシーは機能してきました。いわば、一体性に固執するより、あえて多様な機能を分離して、それを再度機能的に組み合わせることで、近代社会はその推進力を得てきたのです。

いうまでもなく、国家と社会の分離は「分離の組織化」の最たるものです。国家と社会は相互に補完し合う関係にありながら、あえて区別され、そのライヴァル関係を強調されてきたといえるでしょう。社会は国家に支えられつつも、国家の無限の拡張に歯止めをかけてきました。国家は、代表制デモクラシーを介して社会の「意志」を汲み取り、自己の行動の正当性につなげてきたわけです。そうだとすれば、ハージが指摘するように、もしグローバル化時代においてこの国家と社会の結びつきが緩み、国家が社会の喪失を放置、もしくは促進するようになれば、このような国家と社会の相互補完／ライヴァル関係のバランスも失われることになります。デモクラシーはその作用する場を失い、〈私〉は漂流を続けるでしょう。

自らに役割と位置を与えず、人生に意味を与えず、そして社会的希望を分配しようとしない社会を、人々は自分とは無関係で、無意味なものとみなすでしょう。しかしながら、社会なしに、人々はけっして自分自身のための人生をつくることはできません。〈私〉を生きることにこだわる現代の個人にとって、社会は重要な参照軸であり続けるはずです。あるいはむしろ、社会が人々の生の参照軸として機能してはじめて、人々の〈私〉の追求も可能になるはずです。その意味で、もし現在、社会の喪失や社会の衰退が進行しているとするならば、それを放置することには大きな問題があるといわざるをえません。

〈私〉時代においても、あるいは〈私〉時代においてこそ、社会の意義はますます大きくなるのです。

2 平等社会のモラル

自己犠牲と徳から自己利益へ

それでは、「人生の意味を創出するメカニズム」であり、「希望の分配のメカニズム」であるはずの社会を、どのように回復、発展させていけばよいのでしょうか。ここで思い起こす必要があるのが、社会があえて国家と区別されるにあたって、強制や上からの命令によらない、平等な諸個人による自律的な秩序としてイメージされたということです。繰り返しになりますが、このような社会のイメージには、多分にフィクションが含まれています。とはいえ、このようなイメージに基づいて社会と国家が区別され、その区別の上に具体的に制度が構築されてきたのが近代の歴史です。また、法・政治・経済の諸制度のみならず、あらゆる社会科学が、平等な諸個人から成る社会が上からの強制によらずに自律することはいかにして可能か、というテーマを追いかけてきました。

したがって、平等化が進み、個人の〈私〉意識がかつてないほど高まっている現代において、いかにして平等な個人間のモラルを打ち立てるかについて、正面から考えておくことには意味があるはずです。平等な存在としての個人がいかなるモラルをもつとき、諸個人から成る社会は、上からの強制なくして自律できるのでしょうか。

出発点となるのは、やはりトクヴィルです。すでに何度も指摘したように、トクヴィルは不平等があたり前の貴族制社会から、平等を原則とする民主的社会への移行を歴史の必然とみなしました。もちろん、民主的社会においても不平等はなくなりません。しかしながら、不平等のもつ意味は、民主的革命の結果、まったく別のものになります。自分をいかなる他者とも平等な存在とみなす結果、人々は現実に残る不平等に対してより厳しい視線を向けることになります。また、その不平等は、一人ひとりの個人の自意識にとって、より痛切に感じられます。

そのような平等社会において、モラルはどのようなものになるでしょうか。トクヴィルの考えでは、かつての貴族制社会には、より高い次元の価値の追求が見られました。たとえば、神への信仰や、偉大さの追求がそれであり、そのような価値のために、人々があえて自らの命を犠牲にすることも珍しくありませんでした。いいかえれば、一人ひとりの命を犠牲にするだけの高次の価値があったのです。不平等があたり前であり、上下の階層によって社会の秩序が成り立っていた時代に、人々は自らを超えた、より高次の価値の存在を疑いませんでした。また、そこに到達するための徳も広く追求されたのです。

トクヴィルは、このような時代への憧憬を隠しません。とはいえ、彼は、平等社会において、そのような高次の価値の追求や、そのための自己犠牲や徳の正当化が難しくなることも、はっきりと認めていました。平等社会において、人々は他者のなかに自分の「同類」しか見いだしません。あらゆるものを自分で判断しようとする平等社会の個人にとって、自分をはるかに超えた権威の存在はけっして自明ではないからです。そのような社会において、価値の源泉は自分にしか見いだせないでしょう。それゆえ、自らを超えた高次の価値への自己犠牲は、かつての貴族制の時代と比べ、はるかに困難になります。

より高次の利益のために自らの利益を犠牲にするという意味での徳も、期待しにくくなります。だからこそ、トクヴィルは自己利益の追求を正面から認めた上で、それをより長期的で、より公共的な視点から捉えることを、民主的社会に生きる諸個人のためのモラルとして推奨したわけです。いわゆる「正しく理解された自己利益」については、すでに述べた通りです。トクヴィルの判断するところ、民主的社会において、人々に自己犠牲を強いることを前提に社会やそのモラルを構築することは、もはや不可能なのです。

他者との比較、羨望

平等社会のモラルに関して、トクヴィルはもう一つ興味深い論点を指摘しています。民主的社会の個人は、かつてないほど自分にこだわりますが、それと同じくらい他者のことを気にするというのです。一見すると矛盾しているようにも思われますが、トクヴィルはそう思いませんでした。彼のいわゆる「個人主義」論を見てみましょう。

トクヴィルの見るところ、伝統的社会のつながりから解放された個人は、自分とその身の回りの狭い世界へと閉じこもる傾向をもちます。このことは公共的世界からの退却や政治的無関心へとつながり、民主的社会の運営に支障をきたしかねません。この点については、トクヴィルを含め、多くの論者が繰り返し指摘してきたことです。

ところが興味深いことに、そのような民主的社会の個人が、きわめて他者からの影響を受けやすいこともトクヴィルは同時に指摘しているのです。というのも、他者のなかに自分の「同類」を見いだすトクヴィル的な個人は、そのような「同類」のあつまりである社会の多数派の声に対し、圧倒されてしまいがちだからです。自分が他の誰にも劣らないことに誇りをもつ個人は、同時に、自分が特別の存在ではないこともよくわかっています。したがって、「同類」の集団に対して自分の優位を主張するために、いかなる根拠も見いだせない民主的社会の個人は、たえず他者に影響され、圧倒され続けるのです。

その意味で、丸山眞男がトクヴィルに関して述べている、次の指摘は示唆的です。

> この「狭い個人主義」の個人は同時にリースマンのいう他者志向型の個人〔他者の期待にそって行動することを選び、多数派への同調傾向が強い個人――引用者註〕なのだ。だから現代にお

いてひとは世間の出来事にひどく敏感であり、それに「気をとられ」ながら、同時にそれはどこまでも「よそ事」なのである……逆に無関心というのも……しばしば他者を意識した無関心のポーズであり、したがって表面の冷淡のかげには焦燥と内憤を秘めている。

（『現代政治の思想と行動　増補版』、四八六―七頁、強調点は原文）

自己に閉じこもる個人は、同時に、自分という窓から社会の動きをたえず注目している個人でもあります。そのような社会の動きは「よそ事」ではありますが、気になることには変わりありません。ときに他者につられて熱狂状態に陥ることさえあるでしょう。孤立した自分の部屋から、たえずインターネットの情報をチェックし、そこでの動向に激しく興奮する現代日本の若者の姿は、まさにその典型例といえます。

その意味で、平等社会における個人は、つねに他者を意識する存在です。さらにいえば、他者との比較も、平等社会の個人にとって重要な関心となります。不平等社会において、人は、異なる身分の人間と自分を比較しようとは思いません。違ってあたり前だったからです。これに対し、平等社会において、人は自分が平等であると思う以上、自分とその「同類」の間に存在する違いに敏感にならざるをえません。「あの人はああなのに、自分はなぜこうなのか」という問いが、自然とわき起こるのです。

ちなみにジャン＝ジャック・ルソーは、「自己愛(amour de soi)」と「自尊心(amour propre)」を区別しました。彼の考えでは、前者が自己保存を思う、人間としてきわめて自然で正当な願いであるのに対し、後者は、他者と比べた上であえて自分にこだわる精神です。ルソーにとって、この「自尊心」は、やがて羨望や虚栄を生み出し、人間の連帯を蝕むものです。ある意味で、人との比較こそが、人間のあらゆる不幸の源にあるとさえルソーはいいます。この「自己愛」と「自尊心」の区別に、自己へのこだわりと他者との比較を根本的に分離して考えたいという、彼の意図を見て取ることができるでしょう。

これに対し、トクヴィルは、他者との比較の精神を、平等社会に不可避なものと考えました。そうだとすれば、あくまで自分にこだわる「自己への関心」と、他者との比較にたえず突き動かされる「他者への関心」をいかに結びつければ、デモクラシー社会にとって有意義か、トクヴィルは考え続けたのです。

平等社会の個人にとって、平等は何よりも大切なものです。ところが、もし自分が他者よりも劣った境遇にあると思った場合、その個人にどのような選択肢が残されているでしょうか。トクヴィルのみるところ、自分を他者と同じような境遇に引き上げるか、さもなければ他者を自分と同じ境遇に引き下げるしかありません。どうしても自分を引き上げられないならば、人人は他者を引き下げようとするでしょう。それは残念ながら、平等社会において、きわめて自然な考え方なのだとトクヴィルはいいます。そうだとすれば、民主的社会には、平等な自由か、平等な隷属かの選択肢しか残っていません。人々が等しく自由と権利を享受できるという意味での平等こそを、トクヴィルは目指すべきだと考えました。

リスペクトの配分

おそらく、〈私〉時代のデモクラシーにおいて、人々が自分と他者を比較する上で、もっとも重要な意味をもってくるのは、リスペクトの配分でしょう。「リスペクト」とあえてカタカナ書きしたのは、もしこれを日本語の「尊敬」に置きかえると、そこにはどうしても上下関係のニュアンスが入り込んでしまうからです。より優れた人、より立場が上の人に対する敬いの思い、日本語の「尊敬」には、そのような上下関係が潜在しているように思われます。これに対し、西洋語の「リスペクト」とは、人やものの有する高い価値、存在意義に対する評価や敬意であり、仮にある人やものを「リスペクト」したとしても、そのことは直ちに上下関係を意味しません。あくまで平等な立場が前提です。ある意味でいえば、承認や配慮といった言葉に近いともいえます。

その意味でいえば、現代日本に蔓延しているのは、自分はしかるべきリスペクトを受けていない、という思いではないでしょうか。そのような思いはもちろん、「自分を尊敬しろ」という要求とは別です。ただ、自分が存在していること、自分があるがままの自分として存在していること、その意義をきちんと認めてほしいという声が、社会の至るところから聞こえてきます。いわば、本書で検討してきたような〈私〉を、他者に、社会に承認してもらいたいのに、その願いを受け止めてもらっていないという思いが、現代社会のあらゆる不満の根底にあるように思われるのです。

秋葉原の通り魔事件で、容疑者は「勝ち組はみんな死んでしまえ」といいました。ただし、その場合の「勝ち組」とは必ずしもはっきりしたイメージとして対象化されておらず、その行動はむしろ、自分を「負け組」に追いやった社会そのものへの「復讐」に見えました。また一九九七年に神戸市の須磨で発生した連続児童殺傷事件において、犯人である「酒鬼薔薇聖斗」は、声明文で自分を「透明な存在」と呼びました。

しかし悲しいことにぼくには国籍がない。今までに自分の名で人から呼ばれたこともない……ボクがわざわざ世間の注目を集めたのは、今までも、そしてこれからも透明な存在であり続けるボクを、せめてあなた達の空想の中でだけでも実在の人間として認めて頂きたいのである。それと同時に、透明な存在であるボクを造り出した義務教育と、義務教育を生み出した社会への復讐も忘れてはいない。

ここには、自分の存在を認めてくれず、あたかも透明のごとき扱いをした社会への鬱屈した思いが見て取れるでしょう。自分をリスペクトしてくれない社会への復讐という基調は、二つの事件に共通しているように思われます。

社会が自分をリスペクトしてくれないなら、自分も社会をリスペクトしない。自分へのリスペクトを期待できないなら、不当にリスペクトを享受している社会の「勝ち組」を引きずり下ろしたい。このような思いがいまの社会の根底にあるのなら、「社会」とは何なのかリアリティをもって感じられなくなり、結果としてデモクラシーの機能不全が起きても何ら不思議ではありません。自分にしかるべきリスペクトが配分されていないという不満の遍在をいかに乗り越えていくかが、大きな課題となります。

名誉と尊厳

ここで重要なのは、繰り返しになりますが、リスペクトという概念と平等の結びつきです。リスペクトの本質は、人の存在意義を認め評価することにあり、ある人をリスペクトしても、だからといって直ちに上下関係は生じません。もちろん、すべての個人をリスペクトすべきだからといって、およそ人を比較してはならないとか、あらゆる優越の序列を否定しなければならないというわけではありません。とはいえ、近代のあらゆる道徳的構想の前提に平等なリスペクトがあるということは、多くの思想家がさまざまな表現で、繰り返し強調してきたところです。

たとえば、カントによる「すべての人を手段としてではなく、目的として扱え」という命題は、そのもっとも有名な一例でしょう。すべての人間は人格を有するがゆえに尊重されるべきであり、独自の価値や固有の目的をもつものとして、別の目的のための手段とされてはならないのです。

また、本書でもすでに登場したチャールズ・テイラーは、「尊厳」の概念を「名誉」の概念と比較することで、このことをより明確にしています。「名誉」の概念の基盤にあるのは階層秩序です。名誉の名誉たるゆえんは、誰もがその名誉に値するわけではないという点にあります。もしすべての人に名誉が与えられれば、それはもはや名誉とはいえないでしょう。名誉は不平等と不可分なのです。

これに対し「尊厳」は、生まれながらの「人間の尊厳」というように、普遍主義的かつ平等主義的に使われるのが現在では一般的です。誰にも等しく尊厳があるということこそ、民主的社会の根底にある理念であり、逆にいえば、尊厳こそが、民主的社会と両立する唯一の理念だということになります。その意味で、今日、「名誉」という概念が片隅に追いやられているとしても、致し方ないとテイラーはいいます。「名誉」の基盤である階層社会が、民主的社会にとって代わられたからです。

かつて「ノブレス・オブリージュ」という言葉がありました。いわば貴族の責任を説くこの言葉は、より恵まれたものは、恵まれた分だけ、より大きな義務をはたさなければならないと説きます。特権には、それに見合う責任が求められるというわけです。これとの比較でいうならば、民主的社会においては、自分がより特権的な立場にいるからではなく、自分が他の人間と平等であるからこそ、はたさなければならない義務があるということになります。自分は恵まれた境遇にいるのだから、その分、お返しをしなければならないというのは、ある意味でわかりやすい理屈です。しかし、これが、自分は何ら恵まれた境遇にはないのだから、何もする義務はないという主張につながって困るのです。まさしく「平等社会のモラル」問題です。

〈私〉の尊重とエゴイズム

おそらく、平等社会においてもっとも大切なのは、一人ひとりが、自分は「大切にされている」という実感をもてることでしょう。そして自分は大切にされているのだから、他者も大切にしなければならない、ひいては、その構成員が大切にされる空間としての社会を守っていかなければならない、そう思えることでしょう。現代日本において、自分は大切にされていないのだから、そういう社会を大切にする必要はないという悪循環があるとすれば、この悪循環を断たなければなりません。

関連して、〈私〉時代のデモクラシーという本書の主題に対して、投げかけられるはずの反論に対して、ここで答えておきたいと思います。その反論とはすなわち、〈私〉とデモクラシーは相性が悪いのではないかというものです。〈私〉とはすなわちエゴイズムなのだから、公共の利益の実現を目指すべきデモクラシーによってまず否定されるべきものではないか、という反論です。

しかしながら、〈私〉を尊重することは、直ちにエゴイズムを意味するのでしょうか。というのも、仮にエゴイズムが、自己の利益や欲望だけを考えて他者のことを顧みない態度であるとすれば、〈私〉を尊重することは、必ずしも他者の軽視につながるとは限らないからです。他者をリスペクトすることが上下関係を生むとは限らないように、自己へのリスペクトを求めることは、他者に対する自己の優先や優越を要求することとは別です。その意味で、エゴイズムは〈私〉の尊重と無縁ではないにせよ、少なくとも〈私〉の尊重がもちうる可能な諸結果の一つに過ぎません。

　むしろ、エゴイズムとは、〈私〉が十分に尊重されず、むしろ他者への不信が募るがゆえのものかもしれません。というのも、他者や社会への不信こそが一般的な環境においては、個人は自らを守るために、あえてエゴイスティックな行動に出ざるをえないからです。他者が見えない、あるいは社会が見えないという恐怖こそが、とりあえず目の前にある自己利益の確保へと人々を促します。そうだとすれば、エゴイズムを批判する前に、個人をエゴイズムへと走らせるそのような社会環境こそを問題にしなければなりません。

　〈私〉の尊重がエゴイズムではなく他者の尊重へとつながること。他者や社会から自分が大切にされていると思えるからこそ、他者を尊重し社会を発展させていくのだと思えること。このような倫理的感覚が定着し、トクヴィルのいう「心の習慣」になってこそ、平等社会のモラルも可能になるはずです。

共　感

ところで、さきほど、平等社会においては、個人の、あくまで自分にこだわる「自己への関心」と、他者との比較にたえず突き動かされる「他者への関心」をいかに結びつければ有益かという問題を提起しました。人々はときにこの二つの志向の間で揺れ動き、場合によっては分裂した状態に落ち込むこともあります。

ちなみに近年、アダム・スミスの「共感《シンパシー》(同感)」の理論への関心が高まっていることも、このような文脈において理解することができるでしょう。アダム・スミスといえば『国富論』が有名ですが、そこで展開されている利己心に基づく自己利益追求や、神の「見えざる手」としての市場の価格メカニズムという議論と、彼の別の著作である『道徳感情論』の中心概念である「共感(同感)」とが、いかなる関係にあるかが問題とされてきたのです。

はっきりしているのは、スミス自身は二つの著作の間に矛盾を認めていなかったことです。また、現在のスミス研究においても、両者をいかに統一的に読むかが重要な課題となっています(堂目卓生『アダム・スミス――「道徳感情論」と「国富論」の世界』、参照)。

スミスにおいて、利己心と共感はいかに結びつけられているのでしょうか。スミスによれば、人は想像力によって、他者の喜び、悲しみ、怒りを追体験しようとします。自分がその人の立場にあったら、どのように感じるだろうか。人はこの追体験の結果を、現実の他者の行動と比較します。両者が合致すれば人はそれを是認し、合致しなければそれを否認します。このような追体験を繰り返すなかで、人間は、自分の行動や感情が他者の目にさらされている場合に、その是認を受け、共感を得たいと願うようになります。

そのような経験の蓄積は、やがて人々の中に「公平な観察者」を形成するとスミスはいいます。というのも、現実の他者にはどうしても利害関係があります。その他者による是認や否認には、どうしても公平さを欠く部分がありうるでしょう。そこで、人は現実の他者の目ではなく、自分の胸中に「公平な観察者」をつくりだすのです。この「公平な観察者」は自分自身でもありますから、自らの置かれた状況についてはよく認識しています。しかしながら、この「公平な観察者」は、自分のなかにあるとはいってもあくまで他者の目であることには変わりありません。したがって、ひとたび自分のなかに形成された「公平な観察者」は、やがてその人自身に対して、一定の倫理的な力をもつようになります。人はこの観察者の判断をもとに自らの行動や感情を規制するようになるのです。

この議論のポイントは、他者の共感を得ようとして、人が自ずと他者の共感にふさわしくありたいと願うようになることです。自分のなかに他者の目を感じる個人にとって、その他者の共感を得ることが、自らの欲望になるのです。いわば、人は、他者が共感する程度にしか、自分に共感できないことになります。このスミスの理論が卓越しているのは、ここまで論じてきた、「自己へのこだわり」と「他者との比較」という、平等化社会における人間性の基本的傾向を統合して論じている点にあるといえるでしょう。

その場合も、他者からの視線を意識することが主体性の欠如へと向かうのではなく、むしろ「公平な観察者」を内面化することによって、自己反省と自己修正を実現するという点が重要です。この洞察の下に、スミスは利己心と共感が一致すると論じていますが、この指摘は現代でもなお、真剣に考察してみるに値すると思われます。

社会環境の整備を通じて平等社会のモラルを構築すること、すなわち、一人ひとりの個人にとっての自己へのリスペクトと他者へのリスペクトの間に有機的な連関をつくりだすことが、ここでの目標となります。このことが、やがては〈私〉と〈私たち〉の間の架橋となり、社会へのリスペクトの回復につながるでしょう。

3　〈私〉からデモクラシーへ

五里霧中のデモクラシー

社会的希望の回復、平等社会のモラルとしてのリスペクトと共感について検討した上で、いよいよデモクラシーについて考えてみたいと思います。ちなみに、本書の冒頭で、「近代」という時代も「折り返し」を過ぎた今日、もはや、人間を超えた価値の源泉が、一人ひとりの個人に進むべき道を示すことはなくなったと指摘しました。また、だからこそデモクラシーが重要になるとも書きました。しかしながら、このことは、「どうせ答えのない時代なのだから、一人で抱えていても仕方ないので、ひとつみんなで考えてみよう」ということに尽きるのでしょうか。さらには、「答えのない時代に、社会をよりよくするとは、どういうことか」という問題提起もしたわけですが、これについても、いよいよ答えを(「答えのない時代」への対処法に、「答え」などあるはずがないのですが……)出さなければなりません。

第三章で触れたように、現代日本社会において確固とした「民意」なるものは見えにくくなっており、一人ひとりの個人の不満や願いは互いに孤立して、全体として砂状化しています。

これまで人々をつなぎとめ、組織化してきた多様な中間集団も、その凝集力を失いつつあります。あるいは、すでに失ってしまったといえるかもしれません。その意味で、バウマンのいう「私的領域」と「公的領域」の接触面、いわば「アゴラ(広場)」そのものがどこに存在するのか、あらためて問い直すべき時代を私たちは生きているのです。「みんなで考える」にしても、それをどのように実現すべきなのか、土台から再検討しなければならないのが、時代の条件なのです。

とはいえ、「答えのない時代」とは、最近になって突如生じたものではありません。ある意味で、その兆候はかなり前から見えていたといえるでしょう。社会科学を例にとって考えてみたいと思います。社会科学とは文字通り、社会についての科学です。その前提には、社会現象は客観的な科学の対象として分析可能である、という考えがあります。たしかに、各個人は自らの自由な意志で行動しているかもしれません。しかしながら、そのような行動の集積として生じる社会現象は、一人ひとり個人の意図を超えて一つの秩序を形成します。そうだとすれば、その秩序の構造や運動は客観的な対象として把握することができるはずです。さらにはそこに「法則」さえ見いだせるかもしれません。このような想定が社会科学の前提になりました。やがて社会科学は自らの認識能力を誇り、一時は、まさしく社会の救済者を自任したのです。

マルクス主義における史的唯物論は、まさにそのような社会科学全能の時代の産物といえるでしょう。歴史の発展は唯物論の視点からすべて理解可能であり、そこで発見された「法則」は前衛政党の指導的な理念となり、社会変革の原動力となっていくとされたのです。このような「法則」が絶対的なものとして(少なくとも一部の人々の間では)受け止められた時代には、まさしく「答え」があったのです。

このような発想は、もちろんマルクス主義だけのものではありません。二〇世紀に発展したいわゆる「リベラリズム」の思想は、伝統的な自由放任主義を否定し、むしろ社会正義と秩序ある社会の発展を両立させるための政府の介入を肯定的に論じました。その際、このような介入を正当化したのは、ある種の「進歩」や「科学」への信頼であったといえるでしょう。科学的な認識に支えられた政治的合理主義こそが、歴史の進歩を実現するという楽観主義が、そこに見られました。

もちろん現実政治においては、「リベラリズム」に基づく「大きな政府」による福祉国家の実現は、社会主義的な統制経済に対抗して企図されたものであり、両者が激しく対立し合ったことは事実です。しかしながら、政治的には厳しい対立関係にある二つの体制が、同時に、ある種の合理主義的なデザインによって国家を運営することができるという想定を共有していたということは見逃せません。その意味でいえば、二〇世紀末における冷戦終焉以後、崩壊したのは社会主義体制だけではありませんでした。「リベラリズム」についても、その威信は新自由主義の台頭の前に大きく揺らいでおり、共通の敵であった社会主義体制の消滅後、それが顕在化したともいえます。

その意味でいえば、二〇世紀のデモクラシーの発展の背後に、このような社会科学への信頼が垣間見えると主張しても、あながち間違いではないでしょう。もちろん社会科学的な考え方、とくに科学的な知識をもった人々によって社会の合理的運営が可能になるという発想は、ある種のエリート主義との親和性をもちます。とはいえ、二〇世紀の歴史全般として総括するならば、社会科学はむしろデモクラシーとの対立よりは融和を目指し、デモクラシーもまた、社会科学の知見を自らの支えとして利用してきたといえるでしょう。そのような支えを失いつつあるのが、現在のデモクラシーの置かれた状況なのです。まさに社会の構造がどうなっていて、歴史はどこに向かっているか、すべてが五里霧中の状態のなかで、デモクラシーは決定を行っていかなければならないのです。

デモクラシーとは何か

その意味で、二一世紀のデモクラシーは、二〇世紀的な楽観主義とは縁遠いものになるでしょう。むしろ懐疑的で、自己反省的な性格こそが、その特徴となるはずです。自らの拠って立つところを一歩一歩確認しながら、まだ見えない未来に向けて、ときとして後戻りしつつも進んでいく社会とその知のあり方を、私たちは模索していかねばなりません。現代的な理性とは(いや、理性とはそもそもそういうものですが)、自らの限界を知り、自分の理解を超えたものを自らの糧にできるものでなければなりません。

社会科学についても、一挙に社会の全体構造を解明し、歴史の唯一の発展パターンを法則として打ち立てることを目指すのではなく、多様な社会的状況と歴史的タイミングの下、複雑な展開を示す諸現象を一つひとつ分析していくことが重要になるはずです。また人々の自己認識、社会の自己認識が、いかに自らをめぐる社会的条件として跳ね返り、新たな社会的変化を生み出すかという、再帰的なダイナミズムの分析の意味がますます大きくなるでしょう。社会科学のあり方も変わってくるはずです。

しかしながら、ある意味でいえば、近代デモクラシーとは元々そのような性質を内在したものであったともいえます。すなわち、第二章で言及したように、フランスの政治哲学者クロード・ルフォールは、「確信の指標の解体」こそが、近代の民主主義革命の本質であったとみなしています。彼によれば、この革命以前、社会は自らを基礎づける規範の源泉を社会の外部に設定してきました。この外部の源泉から権威を受け取ることで、社会は絶えず自らを確認し、意味づけてきたのです。その外部の源泉は、神あるいは神々、建国の英雄、あるいは自然の原理など、さまざまでしたが、いずれにせよ社会の外部に根拠が想定されたことが重要です。

これに対し、近代社会の最大の特質は、このような外部の根拠を否定したことにあります。自分たちの社会は、自分たちの意志でつくりだしたものであり、その出発点も、価値の源泉も、自分たち自身のうちにあるという信念こそが、近代の民主的社会を支えたのです。その際、それ以前の社会では一体だった権力・権利・知が、三つの原理あるいは領域として分離したことが重要であるとルフォールはいいます。少し抽象的ですが、その意味を考えてみましょう。

まず権力と権利の分離です。ルフォールが例にあげるのは絶対主義国家における君主です。絶対君主にとって、彼の権力は世襲の権利に基づくものであり、両者は一体でした。これに対し、民主主義革命の後、権力と権利は分離されます。権利は人民に発するものであり、権力者の恣意から守られるべきものとなります。次に権力と知の分離です。この分離以後、いかなる権力も、自分が知の独占的な所有者であり、知の裁判官であることを自称することは許されません。何が正しくて間違っているのかは、つねに異議申し立てに対して開かれていなければならないのです。そして最後に権利と知の分離です。何が権利の内実か、誰がその担い手か、答えは確定していません。多様な権利要求に突き動かされる民主的社会は、この論争を免れることはできないのです。その意味でいえば、権力・権利・知の分離は、異議申し立てや論争を生み出すことで、デモクラシーを活性化していくのです。

さらにルフォールは、民主的な権力の本質を論じるにあたって、民主的社会における「権力の場」について述べています。この「権力の場」とは、その社会の統合の象徴的な中心であり、伝統的にはそこに君主が君臨していました。ある意味でいえば、民主的社会とは、そのような「権力の場」から君主を追い払い、その場をつねに「空虚」にとどめておくことによって成り立っているとルフォールはいいます。もちろん、定期的な選挙によって選ばれる個人や集団が、交代で「権力の場」に位置を占めることになりますが、その資格はつねに時限的です。次の選挙までの期間、暫定的にその場にいることが許されるに過ぎません。

とはいえ、社会の統合の象徴的な中心が空虚であるということは、デモクラシー社会の独特な不安定さの原因となります。それゆえに、デモクラシー社会には、この中心を何らかのもので埋めたいという潜在的な願望があります。このような願望に応えるために出現したのが二〇世紀の「全体主義」だったとルフォールはいいます。自らこそが人民の意志を体現すると自称するさまざまな「党」が出現し、「権力の場」を永久に占拠しようとしました。しかしながら、それらが最終的には失敗に終わったことも、歴史が示す通りです。

このようなルフォールの議論に従うならば、およそ近代デモクラシーとは、外部の絶対的な根拠を欠き、自律しようとするがゆえにその中心に空虚をかかえた存在にほかなりません。その本質は、たえざる異議申し立てに開かれている点にあるといえるでしょう。その意味でいえば、デモクラシーとはそもそも「答えのない」状況において、それでも社会的な意味をたえざる議論と論争を通じて創出していくプロセスだったのです。

納得のプロセスとしてのデモクラシー

もし、あえてルフォールの議論を一歩進めるとするならば、現代においてデモクラシーが向き合わなければならないとすれば、それは「全体主義」とはやや違ったものになるだろう、ということです。たしかに二〇世紀の歴史はルフォールがいう意味での「全体主義」による挑戦の連続だったかもしれません。今日なお、「権力の場」を占拠しようとする勢力に対し、警戒を怠るわけにはいきません。とはいえ、同時に、「権力の場」の空虚さが、デモクラシー社会の不安定性の原因となることについても、さらに考えておく必要があります。

すなわち、今日、ある意味で「権力の場」が空虚であり、デモクラシー社会に絶対的な根拠がないことは、誰の目にも明らかなことです。デモクラシーはつねに揺れ動き、不確定性や不確実性こそがその本質であるといっても、もはや驚く人はいないでしょう。その意味で、恐れるべきはむしろ「どうせ、無根拠なのだから……」というニヒリズムの常態化なのかもしれません。

ルフォールにとっても、デモクラシーの「権力の場」を空虚にしておくことそれ自体が重要だったわけではありません。そこが開かれていることにより、たえざる権利要求や異議申し立てがなされ、それがむしろデモクラシー社会の活性化や、自己反省能力の向上につながることが大切だったはずです。

ルフォールの盟友でもあった政治哲学者のコルネリュウス・カストリアディスは、デモクラシーの本質を、その自己批判能力に見いだしました。自らの価値観・仕組み・ルール・枠組みを再検討する能力をもつことで、社会ははじめてデモクラシーを実現したことになるのです。その意味でいえば、自らを批判する能力を失った社会は、もはやデモクラシー社会とは呼べません。それゆえに、デモクラシーは自己批判能力を、自らの内なる論争や対立から導き出さなければならないのです。

デモクラシー社会にとって、何がもっとも重要な論点になるでしょうか。それは、自由と平等の中身にほかなりません。突きつめれば、あらゆる具体的政策もこれに行き着くことになります。

すでに触れたように、デモクラシー社会において、何が権利の内実で、誰がその担い手かは、確定していません。近代の歴史を振り返れば、それは権利のリストに、新たな権利が一つ、また一つと書き加えられた過程であったといえます。自由権、平等権、社会権に加え、今日では環境権やアイデンティティをめぐる権利も主張されるようになっています。誰が担い手かについても、それ以前は権利から排除されていた人々が次々に声をあげることによって、その外縁が広がり続けました。今日なお、そのような声がやむことはありません。

その意味でいえば、デモクラシー社会のダイナミズムは、自由と平等の内容を、自由で平等な仕方で決定していく、そのプロセスから生まれてきたといえるかもしれません。このプロセスの質と範囲こそが、デモクラシーの程度を決めてきたのです。また、未来のデモクラシーを決定していくことにもなるでしょう。

このプロセスは、一人ひとりの個人や集団が、決定過程に当事者として参加し、自ら納得していくプロセスであるといえます。そうだとすれば、まず大切なのは、そのような場自体を形成していくことです。しかも、忘れてならないのは、このような場自体をつくりだすのもデモクラシーの任務であることです。つまり、デモクラシーに先立ってそのような場があるわけではなく、まさにデモクラシーが実現することで、そのような場も創出されるのです。デモクラシーは、自らが作用することで、そのための場自体をもつくりだすといえるでしょう。

自らの前提を自らの働きを通じてつくりだすというのは、あるいは論理矛盾に聞こえるかもしれません。しかしながら、デモクラシーが実現する場合、それ以前は相互に信頼感や連帯感のなかった人々が、決定のプロセスを共有することで相互の信頼感や連帯感を抱くことがあります。デモクラシーの真骨頂は、互いに場を共有するどころか元々は殺し合いさえしかねなかった人々に、とりあえずは殺し合うよりも話し合う方を選ばせ、取引し合ったり、場合によっては協力し合ってもいいと思わせることにあります。

逆にいえば、このような場から一人また一人と当事者が去り、文字通り空虚な場になってしまったとき、デモクラシーもまた死滅することになります。その意味で、デモクラシーとは歴史的な存在です。すなわち、デモクラシーもまた生成や死滅を免れないのです。歴史的に形成されてきたデモクラシーを空洞化させるのではなく、いかにして再活性化させるか、今日、熟議民主主義論をはじめとする多くの民主主義理論が、デモクラシーの場とプロセス、そしてプロセスを通じての主体の変化に着目しているのも、そこに理由があります。

その場合に、場として想定されるのが選挙だけでないことは、いうまでもありません。このことは代議制デモクラシーの意義を否定するものではなく、むしろ真に代議制デモクラシーを活性化するためには、議会の外部における議論の積み重ねが不可欠であることを確認しているに過ぎません。本書であえて社会の重要性や、平等社会のモラルを論じたのも、そのような基盤の上に、はじめてデモクラシーの営みも充実するという考えゆえでした。

〈私〉にとってのデモクラシー

最後に、〈私〉の視点からデモクラシーを振り返ってみましょう。一人ひとりの〈私〉意識の高まる今日、この〈私〉意識を正面から認めることなしに、デモクラシーが再活性化することはありえません。しかしながら、〈私〉にとってデモクラシーはいかなる意味をもつのでしょうか。

本書の結論としては、〈私〉が〈私〉であるためにこそ、デモクラシーが必要なのだということになります。〈私〉が〈私〉であるためには、〈私〉が〈私〉であることを確認するためのものが必要です。それを他者と呼ぶことができるかもしれません。

人が自らを確認するためには、外部の視点が重要です。そのような外部の視点を欠くとき、人は文字通り自分に閉じ込められてしまいます。自分に閉じ込められてしまえば、いたちごっことなって、自分を確認することもできなくなります。

第二章で触れたチャールズ・テイラーは、自分自身を定義するためには「問いの地平」が必要だといいました。そして自分自身の問い直しは、最終的に社会の問い直しに行き着くとも指摘しています。さらに、人生の無意味と偶然性を免れるためにこそ社会が必要だというピエール・ブルデューの議論も先ほど検討した通りです。

その意味でいえば、デモクラシーとは、一人ひとりの〈私〉にとって不可欠な社会を再確認し、再創造するためのものにほかなりません。このデモクラシーのプロセスを経てこそ、人は自らの〈私〉を確認できるのです。もちろん、このデモクラシーのプロセスが調和的なものであるとはかぎりません。むしろ、すでに繰り返し指摘したように、デモクラシーの本質は異議申し立てや論争に開かれている点にあります。そこには当然、異なる見方、異なる立場、異なる利害があることでしょう。自らと異なる見方、立場、利害との間には、摩擦や緊張が絶えません。

しかしながら、そのような摩擦や緊張さえも、むしろ自己反省能力の向上につなげるのがデモクラシーの力です。その意味でいえば、デモクラシーを選ぶ態度とは、自らと異質なものを排除することで自己完結な空間の静けさを享受することとは正反対のものであるはずです。いいかえれば、自分と異質なものの前に自らをさらけ出すことで、そのリスクとともに可能性を受け取ることこそ、デモクラシーを選ぶことにほかなりません。

「答えのない時代」を正面から受け止め、まさにそのことを自律と自己反省の契機とすること、静的で自己完結的な安定性ではなく、動的な自己批判と自己変革を目指すこと、そのために必要な他者を見いだし、その他者とともに議論し続けるための場をつくり続けること、これこそ〈私〉時代のデモクラシーの課題にほかなりません。

むすび

本書の拠って立つ時代認識

この本は、現代という時代を〈私〉に着目して読み解いてきました。一人ひとりの〈私〉というミクロな視点に立つことで、むしろ社会全体のマクロな動態も把握することができるはずだ、そのようなねらいから本書は執筆されました。現代社会ははてしなく個人化の度合いを強めており、そのような個人が抱くいわくいいがたい思いに耳を傾けることなしに、砂状化の進む「民意」を理解することなどとうてい不可能です。一つひとつの砂粒から成るその総体は、あちらから風が吹けばこちらに、こちらから風が吹けばあちらにと、雪崩を打つがごとく変化する巨大な砂山に見えるかもしれません。

しかしながら、一人ひとりの「思い」に着目してみれば、そこには実は複雑な要因がからんでいることがわかります。社会問題の「個人化」や「心理化」の進む現代、失業をはじめ、ほんとうは社会的な背景をもつ諸問題が、あたかも個人の私的問題であるかのごとく現れます。

個人としても、自分のこれまでの生き方に問題があったのではないか、自分の心のもちように問題があるのではないかと考えがちです。とはいえ、このことは逆にいえば、個人という窓からうかがえる社会の変化や矛盾を理解できれば、彼ら・彼女らの不満や悩みを解決することも不可能ではないことを意味します。現代とは、社会がはてしなく個人化すると同時に、個人がいままで以上に社会を映し出す窓になっている時代なのです。

このような時代の背景にあるものをどのように理解すればいいのでしょうか。現代はしばしばグローバル化の時代であるといいます。しかしながら、もしそれが単に世界的な経済競争の激化や、市場原理の貫徹を意味するだけなら、問題の本質を見過ごしたことになるでしょう。本書では、現代社会を突き動かす最大の原動力を、一九世紀フランスの思想家、アレクシ・ド・トクヴィルから示唆を得て、平等化の新たなる波、平等化のグローバリゼーションとして理解すべきだと主張しました。

トクヴィルによれば、平等化とは、人々が自分をいかなる他者とも平等な存在であると考え、同時に、まわりの他者を自分の「同類」とみなすようになることを意味します。平等化の結果、それまで自分と別世界で暮らしていると思っていた他者は、自分と何ら変わらない存在に見えてきます。しかしながら、トクヴィルが示したのは、人々は他者を自分の「同類」とみなすがゆえに、むしろ自他の間の違いにますます敏感になるという逆説でした。本質的に異なるところのないはずの自分と他者に、なぜ現状の違いがあるのか、人々にはどうしても気になるのです。結果として、平等化の時代は激しい変化の時代となり、過去において自明視されていた権威は、一つまた一つと覆されることになります。平等化の時代においても、けっして不平等はなくなりませんが、ますます鋭敏化した〈私〉の自意識は、残された不平等に対して異議申し立てを行っていくのです。この変化こそが、平等化社会の動態を生み出します。

本書は、現代世界の激動は、トクヴィルのいう「平等化」がグローバルなレベルで実現しているものとして理解できるのではないか、という仮説から出発しました。実際、世界を見れば、かつての世界とは根底的に変化していることがわかります。多くの敏感な観察者が指摘するように、現代世界においては、かつてないほど政治的意識の覚醒が見られます。経済的にも新興国の重みはますばかりであり、旧来の先進国主導の国際社会の運営に対し、もの申す声は強まるばかりです。世界の意志決定において、サミットに代わってG20が主要な場になりつつあるのは、その顕著な現れにほかなりません。このような時代において、多様な世界の国々、民族、集団をつなぎとめ、相互に協力させるためには大いなる妥協が必要ですが、それは単なる折衷や一時的な問題の糊塗ではなく、理念的な裏打ちのあるものでなければなりません。

国内においても状況は同じです。日本社会を構造化し、人々を隔てる壁をつくってきた中間集団の秩序は崩壊しつつあります。人々をいい意味でも、悪い意味でも包み込んできた中間集団による仕切りがなくなることで、日本社会は突如可視化した不平等と直面しています。人々の平等意識はますます鋭敏化し、その不安ゆえに「いま・この瞬間」の平等を求めますが、そのことがさらに世代間や集団間の相互不信を募らせています。

そのような時代において政治の役割は大きくなるばかりです。にもかかわらず、現実の政治は現代社会の動態を貫く根本的な原理を見逃し、それを無視した行動に出ることも珍しくありません。あるいは逆に、ただ受動的に流されたりするばかりで、主体的なリーダーシップをとるにはほど遠い状況にあります。本書は、このような現状を克服するために、平等化の新たな波の下、ますます強まる〈私〉の平等と個人主義を前提に、政治を立て直す道筋を模索してきました。本書の主張は、以下の三点に要約されます。

〈私〉から社会へ

第一は、〈私〉は、〈私〉の実現のためにも社会を必要とするということです。

現在、不安定化する社会におけるさまざまなリスクが個人を直撃しています。かつてであれば個人の属する集団や組織が、リスクを受け止めるのを支えてくれました。ところが、いまではそのような支えを期待することは難しくなっています。現代における不平等は個人単位で現れるのです。しかもその場合、不安や不満を抱えた人々は、同じような立場に置かれ、似たような思いをもった人々と連帯することがけっして容易ではありません。外から見れば、どれほど共通の傾向が見られる問題でも、一人ひとりの個人にはどうしても〈私〉の問題に見えてしまうからです。結果として、出口を見つけられない個人の不安や不満が、現代社会の基調をなしています。

このような社会において、自分がいかなる他者にも劣らぬ存在であることにプライドをもつ個人は、同時に、自分がなんら特別な存在でないこともよく自覚しています。この両面こそが、平等化社会の個人の自意識の振幅を生み出しますが、現在では、脆弱な個人の〈私〉の自意識がますます鋭敏化する一方で、同じような意識をもった他者とつながりは築けないままでいます。そのため個人はさらに脆弱になるという悪循環に陥っているといえるでしょう。この悪循環を断つために、あらためて「社会」に注目すべきではないかというのが、本書の主張です。

平等化社会を生きる個人は、それぞれが自分の〈私〉の意識をもっています。その意味でいえば、誰一人、他者の意のままにその存在を否定されるほど弱くありません。もし、社会が自分の存在を認めないのなら、逆に、自分もそのような社会を認めないというのが、現代における個人の典型的な自意識といえるでしょう。反面、そのような個人は自分一人で自己完結できるほどには強くありません。自分が「同類」のうちの一人に過ぎないことを痛いほど自覚している平等化社会の個人は、それゆえに他者をつねに意識せざるをえないのです。

そうだとすれば、一人ひとりに固有な〈私〉にこだわりつつ、それでも自らの不完全性を日々感じている個人にとって、自分の自分らしさを確認するためにも他者が必要なはずです。その場合の他者とは、自分の身の回りにいて、相互に承認を与え合うような他者ばかりでなく、自らに位置と役割を与えてくれる社会もまた、重要な他者にほかなりません。〈私〉時代を生きる個人は、自らを自由でユニークな存在として理解していますが、もし他者や社会との紐帯から切り離されてしまえば、自分が自由であり、ユニークな存在であることも確認できません。自分が自分でいるためにも社会が必要であることを、平等化社会のなかの個人は潜在的にはよく理解しているはずです。

現代日本社会において、「社会」というものがよくわからないものになっているとすれば、このような個人と社会のバランスが崩れているからにほかなりません。自分が尊重されているという実感を得られないでいる個人は、自分をそのような状態に置いている社会を認めようとはしません。しかしながら、社会が自分を尊重してくれるからこそ、自分もそのような社会を維持・発展させていく倫理的な義務をもっている、一人ひとりがそう思えるときにはじめて、社会は可能になります。その構成員を、一人の個人として尊重する社会がなくなっては困るからこそ、自分もそのような社会に貢献するのです。

第三章で触れた年金問題をはじめ、社会保障をめぐる現代の諸問題の解決のためにも、このような倫理的義務感を取り戻すことが重要です。現在、人々にとって、生活を支える経済的基盤が脅かされているために、とりあえずは自分のことだけしか考えられないという状況が続いています。しかしながら、誰もがそのように思うために、社会的な相互扶助の仕組み自体がますます脆弱になるという結果をもたらしていることも明らかです。このような負のサイクルを断たない限り、未来の展望は開けません。

歴史の意味

第二に、〈私〉の意識こそが歴史の発展を生み出すということです。

本書の冒頭から繰り返し述べてきたように、近代もその折り返し点を過ぎた今日、前の時代のようにナイーブに歴史の進歩や発展を語ることは難しくなっています。かつてであれば、歴史には何らかの実現されるべき意味や目的があり、そのような意味や目的に向けて人々が努力していくということを、漠然とではあれ信じることができました。自由の理念が実現していく過程として世界史を捉えたヘーゲルを引き合いに出すまでもなく、歴史を語ることが社会の理念を語ることと直結した時代が続いたのです。そのような時代にあっては、過去からの歴史の流れについての洞察から、未来に向けての指針を得ることも期待できました。

そのような時代への反動もあるのでしょう、現在では歴史に意味や目的を見いだすことに対して禁欲的な態度が目立ちます。というよりも、端的に未来はわからない、という感覚が支配的なようにも見えます。個別的な教訓を引き出すのはともかく、歴史を一貫した視座から捉え、今後を展望することなどとうてい望むことはできないと考える傾向が、今日では強いのではないでしょうか。

しかしながら、〈私〉の意識に着目する本書にとって、歴史は単なる偶然の連鎖や無限の循環ではないと主張する一つの論拠があります。それは、一人ひとりの自意識がますます鋭敏化するなかで、人々を不条理に傷つけ苦しめるものに対する異議申し立てがやむことはない、という見通しです。もちろん、このことは世の中から不条理がなくなるとか、人々の肉体的・精神的な苦痛が確実に減っていくと楽観的に予測するものではありません。しかしながら、自分を他のいかなる他者とも平等な存在として捉える個人にとって、他者に認められている権利が自分には認められていないことを、運命のように許容することは困難です。人々はやがて声をあげるはずです。自分の権利が他者と等しく尊重されていないことを、人々が長期にわたって忍従することはありえないからです。

そのような声が直ちに受け止められることは稀でしょう。しかしながら、そのような声が一つまた一つと重なっていくことで、やがて社会は動いていくはずです。なぜなら、平等を基本的な価値としていったん承認してしまった社会は、「他者に認められている権利を、自分にも認めてほしい」という声を原理的に排除することができないからです。排除してしまえば、そのような社会は自らの理念的な土台を否定してしまいます。平等化社会において、残された不平等は一つひとつ、その正当性が問い直されていくはずです。

不平等があたり前の社会においては、「ノブレス・オブリージュ」や「名誉」といった原理が人々の倫理的行動を支えることがありました。それらは、いわば、人々が同じではないことを前提にしたモラルといえるでしょう。しかしながら、今日求められるのは、人々の平等を前提にしたモラルです。そして、自分と立場や理想を異にする人々もまた、自分と同じ人間であることに対する共感の能力です。そのような他者から学び、自己修正の契機とすることがいま求められています。自分の自分らしさを尊重してもらうためにも、他者もまた、同じように、自らのかけがえのなさを承認して欲しいと望んでいることを認めることが欠かせません。現代社会においては、このような平等社会のモラルに基づいて、相互的なリスペクトを可能にする社会という空間を構築し、支えていくことが一人ひとりの個人に求められているのです。

〈私〉の意識から出発した異議申し立てが、少しずつではあれ社会を変えていく原動力となることを承認し、そのために他者による異議申し立てに対する耳をすますこと。このことがやがては自分自身の境遇の改善へとつながっていき、再び、歴史の進歩や発展を語ることを可能にしていくのではないでしょうか。

〈私〉が可能にするデモクラシー

第三に、〈私〉意識の高まりがデモクラシーの活性化を求めるということです。

これは一見、逆説的に見えるかもしれません。というのも、人々が私的な利害に走って社会の公共の利益を無視するとき、デモクラシーはエゴイズムによって食いつぶされてしまうというのが、これまでの常識であったからです。おそらく、そのような「常識」の背景にあるのは、公共の利益とは私的な利益と切り離されたかたちで明確に定義できるという考え方です。しかしながら、このような前提をもはや維持することができないことは明らかです。今日、何が公共の利益であるか、けっして自明ではないからです。

公共の利益が自明ではないということは、もちろん最近になって明らかになったことではありません。むしろ、公共の利益が自明ではないからこそ、それが何なのかを人々が共同で政治的に決定していく過程として、デモクラシーは発展してきました。いわば、実質として何が公共の利益であるか自明ではないからこそ、手続きとしてのデモクラシーを整備してきたといえるでしょう。もちろん、このことが行き過ぎれば、民主的な政治過程を通じて決められたことは何でも公共の利益であるということになり、公共の利益という観念そのものを空洞化させてしまいます。実際、そのような空洞化が、現代デモクラシーにおいてますます顕著になっていることは否定できません。しかしながら、だからといって、公共の利益が何かを、民主的な政治過程を迂回して誰かが特権的に決定することにも無理があります。

今日求められているのは、近代のデモクラシーの本来のあり方に戻ることです。それは、公共の利益が何であるかわからないからこそ、それが何かを集団的に再確認していくプロセスです。デモクラシーとは何も、あらかじめ存在する「民意」を、選挙を通じて確定し、実行する過程に尽きるものではありません。むしろ、何が「私たち」の共同の意志なのかを、相互の議論と交渉を通じて一歩一歩確認していく作業が、デモクラシーの中核をなすはずです。

デモクラシーがつねに正しい答えを出すとは限らないとは、デモクラシーという言葉が生まれた古代ギリシア以来、繰り返しいわれてきたことです。しかしながら、正しい「答え」なるものを一義的に見つけられないからこそ、たえず集団的に自己反省を行う仕組みを社会に組み込む必要があるというのが、デモクラシーの根底にある信念です。デモクラシーがなした決定が、後になって、その決定をなした当の人々自身によって間違っていたと判断され、修正されることもあるでしょう、しかしながら、そのことはデモクラシーの機能不全を意味するのではなく、むしろ正しく機能している証明なのです。

ただし、デモクラシーは、いかなることでも、好きなように決定できるわけではありません。デモクラシーが自らに課した最大の自己制約、それは自由と平等という原理です。人々はデモクラシーを通じて、何が自由か、平等とは具体的に何を指すのかを決定します。しかしながら、そのような決定は、人々が自由かつ平等な状態でなされなければなりません。自由と平等の内容をめぐって、自由で平等な仕方で共同の自己決定を行う、このことがデモクラシーの最大の意義であり、かつ自らに課した条件なのです。

それではもし、このようなデモクラシーが今日、うまく機能していないように見えるとすればどうすればいいのでしょうか。本書の主張は、まさに一人ひとりの〈私〉を否定するどころか、むしろ一人ひとりが真に自らの〈私〉と向き合うこと、その上で、〈私〉に立脚して声をあげることこそが、デモクラシーの機能を活性化させる上で不可欠であるということにほかなりません。

デモクラシーへの希望

今日、もっとも欠けているのは、デモクラシーに対する希望かもしれません。この場合、デモクラシーへの希望とは、デモクラシーへの楽観ではありません。デモクラシーのもつ危うさや、その機能不全に対して、目をつぶることでもありません。デモクラシーは、「デーモス」、すなわちデモクラシーを構成する人々が、自分たちがデモクラシーを行っているという自覚の下に、自分たちのデモクラシーに対する反省をたえず鋭くすることによって可能になります。自分たちがデモクラシーの担い手であることの誇りと責任を忘れたとき、デモクラシーはデモクラシーでないものに変質してしまいます。

デモクラシーへの希望が、デモクラシーへの楽観ではないとしたら、いったい何なのでしょうか。自分たちのデモクラシーの未来がいかなるものになるか、それが自分たちの営為にかかっている以上、予測は困難です。しかしながら、人間は、未来が見えなくても、見えすぎても、エネルギーのでない生き物です。デモクラシーの未来は、成功も失敗も運命づけられてはいません。だからこそ、そのような見えないデモクラシーの未来に賭けてみる、自分たちで自分たちの社会を創出し維持していくことの可能性にコミットしてみる意味もあるのです。

そのようなコミットメントへの誘因は、〈私〉の重なりのなかに〈私たち〉がある、それゆえ、〈私〉と向き合い〈私〉を大切にすることは、最終的に〈私たち〉と向き合い〈私たち〉を大切にすることにつながるという信念に求められるべきではないでしょうか。そのような信念にこそ、デモクラシーへの希望の種が宿っています。〈私〉を排除した〈私たち〉にはグロテスクなものがありますが、〈私たち〉のない〈私〉は絶望にほかなりません。〈私〉から〈私たち〉へ、そのためのデモクラシーへの希望が、いま求められています。

参考文献（本書で直接言及したもの）

はじめに
三田誠広『僕って何』河出書房新社、一九七七年
上野千鶴子『〈私〉探しゲーム──欲望私民社会論』筑摩書房、一九八七年
ジークムント・バウマン（森田典正訳）『リキッド・モダニティ──液状化する社会』大月書店、二〇〇一年
第一章

ファリード・ザカリア（楡井浩一訳）『アメリカ後の世界』徳間書店、二〇〇八年
トクヴィル（松本礼二訳）『アメリカのデモクラシー』岩波文庫、全四巻、二〇〇五─〇八年
苅谷剛彦『階層化日本と教育危機──不平等再生産から意欲格差社会（インセンティブ・ディバイド）へ』有信堂高文社、二〇〇一年
宮本太郎『福祉政治──日本の生活保障とデモクラシー』有斐閣、二〇〇八年
同『生活保障──排除しない社会へ』岩波新書、二〇〇九年
佐藤俊樹「爆発する不平等感──戦後型社会の転換と「平等化」戦略」、白波瀬佐和子編『変化する社会の

不平等―少子高齢化にひそむ格差』東京大学出版会、二〇〇六年
城繁幸『若者はなぜ3年で辞めるのか？―年功序列が奪う日本の未来』光文社新書、二〇〇六年

第二章

ウルリッヒ・ベック（東廉・伊藤美登里訳）『危険社会―新しい近代への道』法政大学出版局、一九九八年
ロベール・カステル『社会問題の変容』（邦訳、近刊予定）
エーリッヒ・フロム（日高六郎訳）『自由からの逃走』創元社、一九五一年
ピエール・ロザンヴァロン（北垣徹訳）『連帯の新たなる哲学―福祉国家再考』勁草書房、二〇〇六年
ジル・リポヴェツキー（大谷尚文・佐藤竜二訳）『空虚の時代―現代個人主義論考』法政大学出版局、二〇〇三年
ダニエル・ベル（林雄二郎訳）『資本主義の文化的矛盾』講談社学術文庫、全三巻、一九七六―七七年
クリストファー・ラッシュ（石川弘義訳）『ナルシシズムの時代』ナツメ社、一九八一年
チャールズ・テイラー（田中智彦訳）『〈ほんもの〉という倫理―近代とその不安』産業図書、二〇〇四年
ウルリッヒ・ベック（松尾精文他訳）「政治の再創造―再帰的近代化理論に向けて」ベック、ギデンズ、ラッシュ『再帰的近代化―近現代の社会秩序における政治、伝統、美的原理』而立書房、一九九七年
クロード・ルフォール『デモクラシーについての試論』（未邦訳）
春日直樹『〈遅れ〉の思考―ポスト近代を生きる』東京大学出版会、二〇〇七年

ロバート・ベラー（島薗進、中村圭志訳）『心の習慣――アメリカ個人主義のゆくえ』みすず書房、一九九一年
リチャード・セネット（斎藤秀正訳）『それでも新資本主義についていくか――アメリカ型経営と個人の衝突』ダイヤモンド社、一九九九年
鷲田清一『「待つ」ということ』角川選書、二〇〇六年
アンソニー・ギデンズ（秋吉美都他訳）『モダニティと自己アイデンティティ――後期近代における自己と社会』ハーベスト社、二〇〇五年

第三章

ジグムント・バウマン（中道寿一訳）『政治の発見』日本経済評論社、二〇〇二年
安倍晋三『美しい国へ』文春新書、二〇〇六年
香山リカ『〈私〉の愛国心』ちくま新書、二〇〇四年
同『ぷちナショナリズム症候群――若者たちのニッポン主義』中公新書ラクレ、二〇〇二年
小熊英二・上野陽子『〈癒し〉のナショナリズム――草の根保守運動の実証研究』慶応義塾大学出版会、二〇〇三年
ガッサン・ハージ（塩原良和訳）『希望の分配メカニズム――パラノイア・ナショナリズム批判』御茶の水書房、二〇〇八年

大嶽秀夫『日本政治の対立軸――93年以降の政界再編の中で』中公新書、一九九九年

第四章

ピーター・ドラッカー（上田惇生訳）『産業人の未来』ダイヤモンド社、二〇〇八年
同（上田惇生訳）『ネクスト・ソサエティ――歴史が見たことのない未来がはじまる』ダイヤモンド社、二〇〇二年
ピエール・ブルデュー（加藤晴久訳）『パスカル的省察』藤原書店、二〇〇九年
ピエール・マナン『政治哲学講義』（未邦訳）
丸山眞男『現代政治の思想と行動　増補版』未来社、一九六四年
ジャン＝ジャック・ルソー（中山元訳）『人間不平等起源論』光文社古典新訳文庫、二〇〇八年
カント（篠田英雄訳）『道徳形而上学原論』岩波文庫、一九七六年
アダム・スミス（水田洋訳）『道徳感情論』岩波文庫、上下巻、二〇〇三年
堂目卓生『アダム・スミス――「道徳感情論」と「国富論」の世界』中公新書、二〇〇八年
コルネリュウス・カストリアディス（江口幹訳）『意味を見失った時代〈迷宮の岐路Ⅳ〉』法政大学出版局、一九九九年

あとがき

この本の執筆を、岩波新書編集部の小田野耕明さんからお誘いいただいたのは、二〇〇四年に『政治哲学へ――現代フランスとの対話』(東京大学出版会)を執筆した直後のことです。現代日本社会について、政治哲学の視点から論じてみてはどうかというご提案は、難しいものの、やりがいのある課題に思えました。

とはいえ、私は一九世紀フランスの思想家アレクシ・ド・トクヴィルを中心とするフランス政治思想史の研究者です。この『政治哲学へ』ではそこから一歩踏み出して、現代フランスの政治哲学者について考察を進めましたが、やはり日本社会を論じるまでには距離があります。はたして自分に現代日本社会を語る能力があるのか、意味のある分析をするためにはどうしたらいいのかを考えているうちに、あっという間に月日が流れてしまいました。

ただし、執筆開始までに時間がかかったことは無駄ではなかったといまは思っています。この間に、私自身の研究に関して二つの出来事がありました。

その第一は、職場である東京大学社会科学研究所（東大社研）で「希望学」というプロジェクトにかかわったことです。これは、希望についての社会科学を構築することを目指すもので、経済学者、社会学者、人類学者、政治学者、法学者などが結集し、希望という捉えがたい対象にせまりました。私自身、政治学、とりわけ政治哲学の視点から現代社会で問題になっている格差や不平等についてどのように取り組むべきか、考える機会を得ました。

第二は、トクヴィルについての二冊目の著作である『トクヴィル　平等と不平等の理論家』（講談社選書メチエ、二〇〇七年）を執筆したことです。私はすでに博士論文を元に『デモクラシーを生きる――トクヴィルにおける政治の再発見』（創文社、一九九八年）を公刊していましたが、その後のフランスでの在外研究の成果なども踏まえ、とくに一般の読者を念頭に書き下ろしたのが『トクヴィル』です。この本の最後で、トクヴィルの「平等化」概念について、その現代的応用が可能なのではないかと示唆しました。

実際、その後、いろいろな媒体でトクヴィルの視点から現代日本社会について論じる機会が増えていきます。『日本経済新聞』の「やさしい経済学」では、「デモクラシーのモラルと秩序」と題して、八回の連載を行う機会を与えられました（二〇〇八年六月一二日―二三日）。そこで論じた、現代的な意味での新たな「平等化」と「個人主義」は、本書執筆への一つの足がかりとなっています。本書には、このように、私がさまざまな機会に執筆した文書の一部が組み込まれていることを、おことわりしておきます。

このように「希望学」と『トクヴィル』を二つのスプリングボードにして執筆されたのが、本書『〈私〉時代のデモクラシー』です。それにしても、我ながら不思議な本ができあがりました。この本は、いったいどのジャンルの本なのでしょうか。

読んでいただければわかると思いますが、この本はインタビューやアンケートなどの社会調査や統計データなどに基づく実証的な現代日本社会分析ではありません。かといって、過去の大思想家の視点からする現代日本社会論ともいいにくいものがあります。たしかにトクヴィルは本書の導きの糸であり、ある意味で、その内容は「トクヴィルから見た現代日本社会論」といえなくもありませんが、彼をのぞいて、本書で取り上げられている書物の著者のほとんどは、いわゆる過去の大思想家ではありません。むしろ現代日本や世界で活躍する社会学者や政治学者、あるいは、いわゆる(ヨーロッパ的な意味での)社会理論家が目立つはずです。

あえて本書のねらいを正当化すれば、私はこれらの優れた研究者たちの著作から多くを学ぶと同時に、彼らの著作を一つのテクストとして読むことで、私なりの思想史研究を行ったつもりです。思想史研究者が対象とするのは、基本的には文字化されたテクストです。多くの場合、

「古典」として認知されているか、あるいはされるべき思想家の著作がその中心となります。

しかしながら、本書では、現役の多くの研究者の著作をテクストとして読むことを試みました。その場合、その研究者の著作の妥当性は、それぞれの分野において今後、引き続き検証されるでしょう（その意味で、彼らの著作はまだ「古典」にはなっていません）。ただ、私にとっては、彼らがいかなる問題意識から現代社会に切り込み、どのような結論を見いだそうとしているか、それ自体が興味深いものでした。私はそれを、一つの読むべきテクストと見なしたのです。そのようなテクストを重ね合わせることで、現代社会で何が問題になっているのか、何が模索されているのかを描き出すこと——それが私のねらいでした。その意味で、本書は、現代の多様な研究者の著作をテクストとした、思想史的手法に基づく分析のつもりです。

このような試みがはたして正当化されるのか、また意味があるのかについては、読者のみなさまのご判断を仰ぐつもりです。言及した著作についても、私の理解や記述に正確さが欠けることがあるかもしれません。専門家のご叱正を待ちたいと思います。

ただ、私としては、本書のなかに、この数年間、日本社会の現状を自分なりに把握しようとしてきた努力のすべてが入っていることだけは間違いないと思っています。単なる現状分析のみならず、日本社会、あるいは人類社会の未来について、今後どのように展望していくべきか、そのアイディアを読者のみなさまに提供できれば、本書の目的は達成されたことになります。

最後に、本書の執筆にあたって、次のみなさまに感謝申し上げたいと思います。

まず「希望学」の仲間たちです。本書に「テクスト」として登場していただいた春日直樹さんやガッサン・ハージさんをはじめ、東大社研の内外を問わず、多くの方々との議論の成果がこの本の一部となっています。そこには狭い意味での研究者のみならず、「希望学」を支えてくれたすべての方々、調査に協力して下さったすべての方々が含まれます。代表して東大社研で苦楽をともにした玄田有史さんと中村尚史さん、それからコーネル大学の宮崎広和さんに感謝したいと思います。

ただし、本書は「希望学」研究の直接的な成果ではなく、そこから得られた私個人の考察に基づいて、私個人の責任において刊行されるものであることも付言しておきたいと思います。「希望学」自体については、東京大学出版会からすでに刊行されている『希望学』全四巻をご参照下さい(さらに今後も、いろいろな企画が計画中です)。

それ以外では、山口二郎先生を研究代表者とする「市民社会民主主義」研究プロジェクトのみなさま、市野川容孝さんと宇城輝人さんをはじめとする「社会的なものの思想史」研究会のみなさま、それから再帰的近代とデモクラシーの関係を考える「デモクラシー研究会」の田村哲樹さんと山崎望さんとのディスカッションが、本書執筆にあたり、格別に有益でした。あらためて感謝申し上げます。このいずれについても、別途その成果が示されるはずです。

最後になりましたが、この本の着手から完成に至るまでの全期間にわたってお世話になった岩波新書編集部の小田野耕明さん、そしてラストスパートの時期にご尽力いただいた安田衛さんに御礼申し上げます。

本書の刊行を目前に、母がこの世を去りました。教育学者であった母がこの本を読んで何と言うか、それを聞く機会は永遠に失われてしまいました。本書を母に捧げたいと思います。

二〇一〇年三月

宇野重規

宇野重規

1967年生まれ
1996年 東京大学大学院法学政治学研究科博士課程修了，博士(法学)
現在－東京大学社会科学研究所教授
専攻－政治思想史，政治哲学
著書－『デモクラシーを生きる』(創文社)，『政治哲学へ』(東京大学出版会)，『トクヴィル』(講談社学術文庫)，『民主主義のつくり方』(筑摩選書)，『西洋政治思想史』(有斐閣)，『政治哲学的考察』(岩波書店)，『保守主義とは何か』(中公新書)，『民主主義とは何か』(講談社現代新書)，『日本の保守とリベラル』(中公選書) ほか多数

〈私〉時代のデモクラシー　　岩波新書(新赤版)1240

2010年4月20日 第1刷発行
2024年4月26日 第8刷発行

著　者　宇野重規《うのしげき》

発行者　坂本政謙

発行所　株式会社 岩波書店
〒101-8002 東京都千代田区一ツ橋2-5-5
案内 03-5210-4000　営業部 03-5210-4111
https://www.iwanami.co.jp/

新書編集部 03-5210-4054
https://www.iwanami.co.jp/sin/

印刷製本・法令印刷　カバー・半七印刷

ISBN 978-4-00-431240-6　　Printed in Japan

岩波新書新赤版一〇〇〇点に際して

ひとつの時代が終わったと言われて久しい。だが、その先にいかなる時代を展望するのか、私たちはその輪郭すら描きえていない。二〇世紀から持ち越した課題の多くは、未だ解決の緒を見つけることのできないままであり、二一世紀が新たに招きよせた問題も少なくない。グローバル資本主義の浸透、憎悪の連鎖、暴力の応酬――世界は混沌として深い不安の只中にある。

現代社会においては変化が常態となり、速さと新しさに絶対的な価値が与えられた。消費社会の深化と情報技術の革命は、種々の境界を無くし、人々の生活やコミュニケーションの様式を根底から変容させてきた。ライフスタイルは多様化し、一面では個人の生き方をそれぞれが選びとる時代が始まっている。同時に、新たな格差が生まれ、様々な次元での亀裂や分断が深まっている。社会や歴史に対する意識が揺らぎ、普遍的な理念に対する根本的な懐疑や、現実を変えることへの無力感がひそかに根を張りつつある。そして生きることに誰もが困難を覚える時代が到来している。

しかし、日常生活のそれぞれの場で、自由と民主主義を獲得し実践することを通じて、私たち自身がそうした閉塞を乗り超え、希望の時代の幕開けを告げてゆくことは不可能ではあるまい。そのために、いま求められていること――それは、個と個の間で開かれた対話を積み重ねながら、人間らしく生きることの条件について一人ひとりが粘り強く思考することではないか。その営みの糧となるものが、教養に外ならないと私たちは考える。歴史とは何か、よく生きるとはいかなることか、世界そして人間はどこへ向かうべきなのか――こうした根源的な問いとの格闘が、文化と知の厚みを作り出し、個人と社会を支える基盤としての教養となった。まさにそのような教養への道案内こそ、岩波新書が創刊以来、追求してきたことである。

岩波新書は、日中戦争下の一九三八年一一月に赤版として創刊された。創刊の辞は、道義の精神に則らない日本の行動を憂慮し、批判的精神と良心的行動の欠如を戒めつつ、現代人の現代的教養を刊行の目的とする、と謳っている。以後、青版、黄版、新赤版と装いを改めながら、合計二五〇〇点余りを世に問うてきた。そして、いままた新赤版が一〇〇〇点を迎えたのを機に、人間の理性と良心への信頼を再確認し、それに裏打ちされた文化を培っていく決意を込めて、新しい装丁のもとに再出発したいと思う。一冊一冊から吹き出す新風が一人でも多くの読者の許に届くこと、そして希望ある時代への想像力を豊かにかき立てることを切に願う。

（二〇〇六年四月）